STOCKING STUFFERS FOR KIDS

CHRISTMAS GIFT:
WORD SEARCH
PUZZLE BOOK

COLLECTION OF

LARGE PRINT

WORD FIND PUZZLES

FOR BOYS & GIRLS

STOCKING STUFFER IDEAS FOR KIDS & STOCKING STUFFERS FOR CHILD

TABLE OF CONTENTS

Word Search Explanation

Word search, or word find, is a game that consists of letters placed on a grid. The object is to find specific words hidden inside the grid. Word search grids can come in varying sizes. The grids in this book will all be 14X14 letters. There will be a word bank with 21 words to find in each puzzle. Each puzzle's words will relate to a theme that is found at the top of each puzzle.

In this book, words will appear left to right, right to left, top to bottom, bottom to top, and diagonal in all directions. Let's look at a puzzle below with some examples.

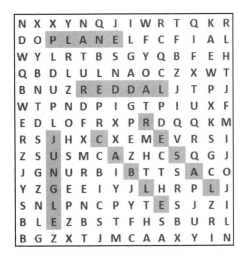

In this puzzle, the word "PLANE" appears left to right. The word "LADDER" appears from right to left. The word "JUNGLE" appears from top to bottom. The words "CABLE" and "LASER" appear diagonal, but in different directions.

Good luck and happy searching!

FLOWERS

```
C  A  R  N  A  T  I  O  N  O  P  C  C  Y
K  H  U  B  Z  P  W  F  Z  R  D  R  S  L
S  Q  R  H  W  C  B  V  P  C  A  O  E  I
B  R  U  Y  J  S  E  I  H  H  F  C  X  L
U  M  O  D  S  O  G  O  L  I  F  U  B  C
T  A  O  R  Q  A  O  L  F  D  O  S  A  I
T  R  R  A  U  M  N  E  J  T  D  L  I  L
E  I  D  N  H  A  I  T  U  L  I  P  N  A
R  G  Y  G  F  R  A  A  H  L  L  L  U  R
C  O  T  E  Y  Y  E  M  Z  E  R  U  T  K
U  L  S  A  F  L  U  T  G  R  M  V  E  S
P  D  N  E  A  L  P  E  O  N  Y  U  P  P
S  I  H  Z  A  I  J  D  A  I  S  Y  M  U
O  L  A  K  Z  S  U  N  F  L  O  W  E  R
```

AMARYLLIS	DAFFODIL	ORCHID
AZALEA	DAISY	PEONY
BEGONIA	HYDRANGEA	PETUNIA
BUTTERCUP	LARKSPUR	ROSE
CARNATION	LILAC	SUNFLOWER
CHRYSANTHEMUM	LILY	TULIP
CROCUS	MARIGOLD	VIOLET

4

ZOO ANIMALS

```
R  G  K  L  Z  A  C  H  E  E  T  A  H  W
L  H  T  E  T  N  T  X  K  O  A  L  A  B
V  B  I  O  F  T  C  A  U  K  U  A  J  J
I  H  G  P  K  E  H  L  G  O  J  R  R  U
R  A  E  A  P  L  I  L  O  O  W  B  H  F
G  Z  R  R  A  O  M  I  J  R  N  O  I  L
Z  I  G  D  N  P  P  R  H  A  C  C  N  A
U  E  R  M  D  E  A  O  T  G  X  R  O  M
F  N  B  A  A  L  N  G  T  N  Z  J  C  I
Z  I  U  R  F  K  Z  K  N  A  F  R  E  N
L  L  A  M  A  F  E  P  I  K  M  S  R  G
O  T  N  A  H  P  E  L  E  U  O  O
O  L  A  F  F  U  B  Y  M  L  A  E  S  W
V  W  J  Z  A  L  L  I  G  A  T  O  R  Y
```

ALLIGATOR	FLAMINGO	LION
ANTELOPE	GIRAFFE	LLAMA
BUFFALO	GORILLA	PANDA
CHEETAH	HIPPOPOTAMUS	RHINOCEROS
CHIMPANZEE	KANGAROO	SEAL
COBRA	KOALA	TIGER
ELEPHANT	LEOPARD	ZEBRA

TREES

```
G  S  E  Q  U  O  I  A  Q  N  J  M  M  B
T  G  D  G  Q  C  B  F  S  P  R  U  C  E
P  L  H  Y  S  K  A  O  N  P  I  N  E  E
O  Y  I  T  W  X  N  I  S  Y  E  S  J  C
P  M  C  E  D  A  R  Q  C  B  Y  N  T  H
L  S  K  A  K  R  T  U  W  H  F  I  R  S
A  C  O  M  C  D  F  H  M  I  F  H  V  P
R  C  R  E  D  W  O  O  D  B  L  W  R  D
S  S  Y  C  A  M  O  R  E  A  E  L  N  O
E  X  M  N  D  N  Z  N  F  L  H  K  O  O
L  M  A  P  L  E  A  B  X  S  C  A  M  W
P  A  K  C  O  L  M  E  H  A  R  S  C  G
P  Y  M  R  E  C  G  A  B  M  I  U  H  O
A  I  L  O  N  G  A  M  M  Q  B  D  U  D
```

APPLE	FIRS	PINE
ASPEN	HEMLOCK	POPLAR
BALSAM	HICKORY	REDWOOD
BEECH	HORNBEAM	SEQUOIA
BIRCH	MAGNOLIA	SPRUCE
CEDAR	MAPLE	SYCAMORE
DOGWOOD	OAKS	WILLOW

6

BIRDS

```
H  E  R  O  N  V  P  A  R  A  K  E  E  T
V  U  T  L  U  U  A  E  R  U  T  L  U  V
M  N  M  Z  L  A  R  H  X  Y  G  N  S  V
B  A  O  M  T  W  R  Z  C  F  A  W  L  Z
S  C  M  B  I  Y  O  H  V  C  N  P  L  T
I  I  E  X  A  N  T  R  U  T  W  O  R  C
F  L  A  M  I  N  G  O  H  S  S  K  Q  H
A  E  G  X  E  H  T  B  E  P  J  N  C  I
L  P  L  G  U  S  J  I  I  A  T  I  W  C
C  E  E  G  R  E  T  N  F  R  T  U  H  K
O  S  P  R  E  Y  B  A  A  R  D  G  O  A
N  Q  P  E  A  C  O  C  K  O  A  N  Q  D
J  L  L  U  G  A  E  S  I  W  I  E  X  E
W  O  O  D  P  E  C  K  E  R  I  P  Q  E
```

CHICKADEE	HUMMINGBIRD	PENGUIN
CROW	OSPREY	ROBIN
EAGLE	OWL	SEAGULL
EGRET	PARAKEET	SPARROW
FALCON	PARROT	TOUCAN
FLAMINGO	PEACOCK	VULTURE
HERON	PELICAN	WOODPECKER

HEALTH FOODS

```
R  R  A  R  E  B  O  Z  N  O  M  L  A  S
Q  U  I  N  O  A  E  J  H  H  B  J  N  P
N  K  A  F  N  P  G  A  R  L  I  C  U  I
A  M  E  L  E  Q  C  J  N  I  B  P  J  N
X  C  H  I  C  K  P  E  A  S  W  P  C  A
A  B  A  W  Z  U  K  A  L  E  A  I  H  C
V  L  E  N  T  I  L  S  N  Y  D  P  K  H
O  E  Q  R  T  O  F  U  X  O  E  A  G  S
C  G  O  W  U  A  B  X  C  G  Z  L  P  E
A  U  Y  X  N  P  L  Q  S  U  N  M  D  I
D  M  Y  O  A  R  P  O  Z  R  M  O  V  R
O  E  N  X  F  R  G  U  U  T  C  N  X  R
D  S  O  Y  B  E  A  N  J  P  X  D  D  E
A  K  L  A  S  A  R  D  I  N  E  S  Q  B
```

ALMONDS	GARLIC	SALMON
AVOCADO	KALE	SARDINES
BEANS	KEFIR	SOYBEAN
BERRIES	KIWI	SPINACH
CANTALOUPE	LEGUMES	TOFU
CHIA	LENTILS	TUNA
CHICKPEAS	QUINOA	YOGURT

ETHNIC FOODS

```
F  L  C  K  K  Y  I  R  O  O  D  N  A  T
A  V  Z  G  R  H  U  M  M  U  S  F  A  A
L  B  R  R  W  X  U  T  T  Y  W  C  P  B
A  P  U  P  A  D  T  H  A  I  O  C  W  B
F  C  T  H  A  M  F  A  L  A  F  E  L  O
E  Y  C  P  I  B  U  R  R  I  T  O  X  U
L  S  P  A  N  A  K  O  P  I  T  A  C  L
X  O  C  K  A  B  O  B  A  N  X  D  I  E
P  A  S  T  I  T  S  I  O  J  H  T  R  H
O  R  Y  G  L  G  F  R  E  E  K  E  H  I
A  D  A  L  I  H  C  N  E  R  E  R  F  H
Q  D  J  B  I  B  I  M  B  A  P  E  G  S
O  E  D  A  M  A  M  E  P  T  H  E  F  U
N  P  I  E  R  O  G  I  M  I  H  S  A  S
```

BIBIMBAP	GYRO	POPPADUM
BURRITO	HUMMUS	SASHIMI
CURRY	INJERA	SPANAKOPITA
EDAMAME	KABOB	SUSHI
ENCHILADA	PAD THAI	TABBOULEH
FALAFEL	PASTITSIO	TACO
FREEKEH	PIEROGI	TANDOORI

TRANSPORTATION

```
Z  I  F  T  H  C  A  Y  E  L  L  O  R  T
T  A  X  I  C  A  B  V  Y  U  S  A  E  J
R  E  T  S  F  B  L  S  R  R  U  I  T  C
A  W  H  J  E  Y  J  F  A  G  B  R  P  H
M  O  T  O  R  C  Y  C  L  E  W  P  O  E
T  C  R  Q  R  M  T  E  L  Y  A  L  C  G
A  Q  A  J  Y  T  N  I  W  P  Y  A  I  A
O  X  I  F  S  O  B  Q  P  F  C  N  L  I
B  O  N  Y  G  O  U  I  X  P  U  E  E  R
L  T  I  A  M  Z  S  F  C  O  A  C  H  R
I  S  W  O  J  Q  E  T  C  Y  G  S  M  A
A  B  T  J  V  C  S  I  Z  H  C  L  R  C
S  U  C  M  K  C  U  R  T  B  H  L  B  K
A  M  O  P  E  D  X  D  O  G  S  L  E  D
```

AIRPLANE	DOGSLED	TAXICAB
AUTOMOBILE	FERRY	TRAIN
BICYCLE	HELICOPTER	TRAM
BUSES	MOPED	TROLLEY
CARRIAGE	MOTORCYCLE	TRUCK
CARS	SAILBOAT	WAGON
COACH	SUBWAY	YACHT

INSTRUMENTS

```
H  D  C  T  B  X  T  R  O  M  B  O  N  E
A  U  B  D  Y  W  Y  A  V  I  O  L  A  J
R  C  E  L  L  O  O  L  N  Z  H  A  J  C
M  W  M  B  M  E  O  B  O  R  G  A  N  L
O  T  R  I  A  N  G  L  E  P  C  M  X  A
N  T  R  U  M  P  E  T  E  O  H  N  Y  R
I  I  L  O  N  P  V  R  O  R  F  O  X  I
C  B  A  N  I  F  L  U  T  E  Y  O  N  N
A  D  B  A  L  M  I  J  X  D  R  S  Y  E
L  R  M  I  O  N  T  K  A  R  Z  S  U  T
U  U  Y  P  I  C  C  O  L  O  Y  A  U  W
K  M  C  G  V  V  A  E  W  C  K  B  G  T
P  S  A  X  O  P  H  O  N  E  A  Y  C  L
Z  Q  S  J  T  N  O  I  D  R  O  C  C  A
```

ACCORDION	HARMONICA	TRIANGLE
BASSOON	OBOE	TROMBONE
CELLO	ORGAN	TRUMPET
CLARINET	PIANO	TUBA
CYMBAL	PICCOLO	VIOLA
DRUMS	RECORDER	VIOLIN
FLUTE	SAXOPHONE	XYLOPHONE

FURNITURE

```
R X A D N B D R A O B P U C
E R R W I H H Q N U S O F A
C I M S G G B C A E Y P J B
L F O N H W Y M M N Y G K I
I C I G T H C U O C J R Q N
N R R M S E N D T A B L E E
E I E S T M H T T W Y A L T
R B B W A R D R O B E F S G
H Z D A N J T A E S E V O L
C Q R U D A Y B E D C A K X
T H C H A I R R X E S M C O
U A E R U B O O K S H E L F
H L V E F U T O N K P S V P
D R E S S E R C H L O O T S
```

ARMOIRE	CUPBOARD	LOVESEAT
BOOKSHELF	DAYBED	NIGHTSTAND
BUREAU	DESK	OTTOMAN
CABINET	DRESSER	RECLINER
CHAIR	END TABLE	SOFA
COUCH	FUTON	STOOL
CRIB	HUTCH	WARDROBE

12

VEGETABLES

```
C U C U M B E R Y M Q C F A
M A W H W I L O C C O R B S
S Q U A S H Q O F Q T E O P
B E M L P E P P E R E V E A
P E A S I Z P A O T H W G R
D K Z K N F M W R I J A G A
W O Y T A B L E E K G N P G
L H J Q C L V O N I O N L U
N C K U H Z E M W E D T A S
R I N L E T T U C E V O N Z
B T C E L E R Y E N R R T O
B R O C C O L I N I W R T P
E A P I N S R A P U O A L P
L P V J G H I N I H C C U Z
```

ARTICHOKE	CELERY	ONION
ASPARAGUS	CUCUMBER	PARSNIP
BEET	EGGPLANT	PEAS
BROCCOLI	KALE	PEPPER
BROCCOLINI	LEEK	SPINACH
CARROT	LETTUCE	SQUASH
CAULIFLOWER	OKRA	ZUCCHINI

13

FRUIT

```
P  B  E  G  R  A  P  E  F  R  U  I  T  V
N  P  I  N  E  A  P  P  L  E  J  O  F  R
G  K  S  G  O  P  L  Z  R  V  M  B  H  B
L  I  M  E  V  C  U  Q  C  T  A  L  O  V
C  W  A  T  E  R  M  E  L  O  N  U  N  E
T  I  Q  R  Y  P  L  C  T  H  G  E  E  N
H  I  W  L  A  N  U  I  H  Y  O  B  Y  I
C  A  U  O  G  S  U  O  U  E  T  E  D  T
A  W  P  B  R  R  P  O  L  N  R  R  E  N
E  F  G  P  F  A  A  B  R  A  G  R  W  E
P  E  A  R  L  Z  N  P  E  A  T  Y  Y  M
M  S  A  Q  F  E  G  G  E  R  N  N  Y  E
O  T  P  L  E  M  O  N  E  S  R  G  A  L
S  T  R  A  W  B  E  R  R  Y  D  Y  E  C
```

APPLE	HONEYDEW	PEAR
BLUEBERRY	KIWI	PINEAPPLE
CANTALOUPE	LEMON	PLUM
CHERRY	LIME	RASPBERRY
CLEMENTINE	MANGO	STARFRUIT
GRAPEFRUIT	ORANGE	STRAWBERRY
GRAPES	PEACH	WATERMELON

COUNTRIES

A	B	T	P	M	W	Z	C	A	N	A	D	A	I
B	O	J	R	A	E	U	I	W	J	D	X	P	R
B	L	J	M	D	X	R	Z	H	Y	D	N	P	E
Y	I	A	E	A	E	G	Y	P	T	J	O	T	L
I	V	P	X	G	V	N	S	N	O	L	K	V	A
P	I	A	I	A	U	G	A	R	A	C	I	N	N
M	A	N	C	S	W	Q	D	N	H	U	T	N	D
A	N	P	O	C	T	A	D	I	B	R	A	O	N
N	W	H	C	A	N	N	L	O	K	V	L	N	A
T	K	R	D	R	Q	E	U	K	E	N	Y	A	L
E	A	I	P	O	I	H	T	E	D	O	F	B	N
I	N	D	O	N	E	S	I	A	I	E	R	E	I
V	G	M	G	U	A	T	E	M	A	L	A	L	F
B	C	Y	F	Y	E	K	R	U	T	H	S	F	D

BOLIVIA	INDONESIA	MADAGASCAR
CANADA	IRELAND	MEXICO
CHILE	ITALY	NICARAGUA
EGYPT	JAPAN	NIGERIA
ETHIOPIA	JORDAN	POLAND
FINLAND	KENYA	TURKEY
GUATEMALA	LEBANON	VIETNAM

15

STATES

```
W Y O M I N G E O R G I A N
A C O N N E C T I C U T O M
S H A R I Z O N A V E G H A
H I L L I N O I S X E F N I
I C S N I K D K A R C A V N
N O T A I F Q S O M T K E E
G O K L A H O M A N S R R U
T B R I O W A R O S S O M I
O H I O A I W M N Z H X O N
N X D E L K G R A I M A N M
E J J J Y L S W U B A C T R
V I R G I N I A G X A D R U
A N A I S I U O L R B L U C
P S T T E S U H C A S S A M
```

ALABAMA	IOWA	OREGON
ALASKA	LOUISIANA	TEXAS
ARIZONA	MAINE	UTAH
CALIFORNIA	MASSACHUSETTS	VERMONT
CONNECTICUT	MONTANA	VIRGINIA
GEORGIA	OHIO	WASHINGTON
ILLINOIS	OKLAHOMA	WYOMING

SHAPES

```
N  O  N  A  G  O  N  O  G  A  T  N  E  P
X  N  O  K  Y  R  C  E  E  K  Q  M  Y  A
S  T  A  R  B  T  L  R  M  S  I  R  P  R
E  C  P  R  O  C  E  H  E  H  A  T  Y  A
R  J  E  G  R  H  X  V  C  M  W  N  E  L
A  M  O  I  P  X  P  S  I  P  G  O  N  L
U  N  C  S  J  O  D  D  S  V  T  G  E  E
Q  U  A  D  R  I  L  A  T  E  R  A  L  L
S  X  C  Y  L  I  N  D  E  R  Q  C  G  O
C  I  J  E  S  I  S  P  I  L  L  E  N  G
S  T  R  A  P  E  Z  O  I  D  R  D  A  R
G  D  H  W  N  O  G  A  X  E  H  Z  I  A
O  V  A  L  C  Y  S  U  B  M  O  H  R  M
D  O  D  E  C  A  G  O  N  F  P  Q  T  H
```

CIRCLE	NONAGON	QUADRILATERAL
CYLINDER	OCTAGON	RHOMBUS
DECAGON	OVAL	SPHERE
DODECAGON	PARALLELOGRAM	SQUARE
ELLIPSIS	PENTAGON	STAR
HEXAGON	PRISM	TRAPEZOID
KITE	PYRAMID	TRIANGLE

SCHOOL SUPPLIES

D	H	C	N	U	P	E	L	O	H	R	Y	N	B
R	B	A	C	K	P	A	C	K	I	A	X	O	I
D	E	J	R	E	D	L	O	F	G	D	D	T	N
R	R	L	X	E	L	M	S	K	H	N	I	E	D
A	F	E	U	X	S	J	P	N	L	E	V	B	E
O	Q	Q	P	R	L	A	O	X	I	L	I	O	R
B	H	O	X	A	E	I	R	E	G	A	D	O	E
P	D	G	Q	S	P	T	C	E	H	C	E	K	L
I	K	T	C	M	E	O	N	N	T	O	R	T	P
L	G	L	L	E	W	K	N	I	E	L	S	J	A
C	A	L	C	U	L	A	T	O	R	P	F	J	T
F	R	E	T	U	P	M	O	C	H	P	E	N	S
S	H	A	R	P	E	N	E	R	R	X	X	B	C
B	B	K	L	Z	V	W	S	R	E	K	R	A	M

BACKPACK	ERASER	PAPER
BINDER	FOLDER	PENCIL
CALCULATOR	HIGHLIGHTER	PENS
CALENDAR	HOLE PUNCH	PRINTER
CLIPBOARD	INKWELL	RULER
COMPUTER	MARKERS	SHARPENER
DIVIDERS	NOTEBOOK	STAPLER

SUBJECTS/MAJORS

E	N	G	I	N	E	E	R	I	N	G	C	Y	I
K	O	Y	W	W	N	N	U	R	S	I	N	G	G
Z	I	R	S	F	G	O	Y	B	P	P	U	O	S
Y	T	R	U	J	L	I	G	S	A	H	T	L	R
G	A	X	S	L	I	T	O	S	N	I	R	O	Y
O	C	R	U	Y	S	A	L	E	I	L	I	I	Y
L	U	E	L	R	H	C	O	N	S	O	T	B	G
O	D	L	U	T	N	I	I	I	H	S	I	O	O
H	E	I	C	S	B	N	B	S	O	O	O	R	L
C	N	G	L	I	M	U	Q	U	Y	P	N	C	O
Y	I	I	A	M	I	M	D	B	Q	H	B	I	I
S	T	O	C	E	F	M	A	T	H	Y	P	M	C
P	A	N	T	H	R	O	P	O	L	O	G	Y	O
F	L	D	A	C	E	C	O	N	O	M	I	C	S

ANTHROPOLOGY	EDUCATION	NUTRITION
BIOLOGY	ENGINEERING	PHILOSOPHY
BUSINESS	ENGLISH	PHYSICS
CALCULUS	LATIN	PSYCHOLOGY
CHEMISTRY	MATH	RELIGION
COMMUNICATIONS	MICROBIOLOGY	SOCIOLOGY
ECONOMICS	NURSING	SPANISH

SOUPS

```
J  H  G  V  G  A  Z  P  A  C  H  O  B  Q
V  R  G  U  E  C  H  I  C  K  E  N  S  I
P  R  M  E  Q  G  U  U  V  Q  N  Y  T  N
D  B  L  B  N  O  E  C  W  O  N  T  O  N
O  O  A  X  U  O  S  T  E  W  S  J  N  O
D  R  O  X  E  L  R  G  A  J  Q  D  E  O
S  S  B  F  V  E  L  T  G  B  Z  A  B  D
S  H  G  I  D  O  A  I  S  M  L  U  B  L
Y  T  P  W  S  G  T  F  O  E  E  E  Z  E
K  P  O  C  I  Q  G  A  L  N  N  Y  K  I
C  H  I  L  I  G  U  C  M  O  S  I  M  H
C  P  L  A  K  S  A  E  Z  O  Z  L  M  S
M  U  S  H  R  O  O  M  I  S  T  Q  H  A
M  P  B  A  L  L  I  T  R  O  T  F  K  D
```

BISQUE	GAZPACHO	NOODLE
BORSHT	GUMBO	STEW
BULLION	LAKSA	STONE
CHICKEN	MINESTRONE	TOMATO
CHILI	MISO	TORTILLA
CHOWDER	MULLIGATAWNY	VEGETABLE
DASHI	MUSHROOM	WONTON

20

DESSERTS

```
C O O K I E Y P U D D I N G
T I R A M I S U H P A Z H I
U A B J E E N T Y D N A C N
R C R I Z S X N R B I W W G
N H O T H E K A C L S U J E
O E W E E Z G S A S H F K R
V E N B D V Q S Y E L A Z B
E S I R C H T I C I C R I R
R E E E X S T O D P J O D E
X C W H A E T R U B E B Y A
B A G S B T D C U S T A R D
D K E R K A V A L K A B P Q
Q E O M A C A R O O N K O S
U S D B G I C E C R E A M U
```

BABKA	CROISSANT	PIES
BAKLAVA	CUPCAKE	PUDDING
BROWNIE	CUSTARD	SHERBET
CAKE	DANISH	SORBET
CANDY	GINGERBREAD	TARTE
CHEESECAKE	ICE CREAM	TIRAMISU
COOKIE	MACAROON	TURNOVER

SPORTS

```
J  X  C  T  H  E  R  G  N  I  W  O  R  O
B  U  Y  A  R  T  E  N  N  I  S  U  T  V
A  Y  D  K  E  A  W  C  R  P  G  E  G  O
S  L  V  O  W  R  C  B  V  B  L  J  N  L
E  L  G  X  P  A  E  K  Y  Z  A  P  I  L
B  A  B  A  S  K  E  T  B  A  L  L  L  E
A  B  L  A  S  T  E  K  C  I  R  C  I  Y
L  T  T  U  D  X  Q  H  B  E  X  P  A  B
L  O  P  G  Y  M  N  A  S  T  I  C  S  A
S  O  C  C  E  R  I  Y  V  G  I  V  Q  L
X  F  C  G  N  I  N  N  U  R  N  O  U  L
A  Y  E  K  C  O  H  B  T  M  O  F  A  L
L  A  C  R  O  S  S  E  P  O  L  O  S  T
M  W  X  T  S  W  I  M  M  I  N  G  H  B
```

BADMINTON	JUDO	SAILING
BASEBALL	KARATE	SOCCER
BASKETBALL	LACROSSE	SQUASH
CRICKET	POLO	SWIMMING
FOOTBALL	ROWING	TENNIS
GYMNASTICS	RUGBY	TRACK
HOCKEY	RUNNING	VOLLEYBALL

HOBBIES

```
I  E  G  N  I  K  A  B  U  C  H  E  S  S
B  B  I  R  D  W  A  T  C  H  I  N  G  W
I  C  T  G  N  I  H  C  A  C  O  E  G  A
L  L  L  G  N  I  H  S  I  F  J  U  O  J
L  P  H  O  T  O  G  R  A  P  H  Y  L  G
I  P  O  K  E  R  W  N  N  A  F  G  F  N
A  Z  R  S  T  R  O  P  S  I  C  N  B  I
R  W  K  B  I  W  X  G  B  N  V  I  O  T
D  S  I  T  Z  Q  N  T  Q  T  W  N  W  C
S  S  I  G  N  I  W  E  S  I  V  E  L  E
H  N  T  J  D  A  N  C  I  N  G  D  I  L
G  J  X  A  H  I  K  I  N  G  Q  R  N  L
Z  V  E  G  V  Y  R  E  H  C  R  A  G  O
O  R  I  E  N  T  E  E  R  I  N  G  Q  C
```

ARCHERY	DANCING	PAINTING
BAKING	FISHING	PHOTOGRAPHY
BILLIARDS	GARDENING	POKER
BIRDWATCHING	GEOCACHING	READING
BOWLING	GOLF	SEWING
CHESS	HIKING	SPORTS
COLLECTING	ORIENTEERING	WRITING

MONEY TERMS

```
Q  W  K  G  R  Q  U  A  R  T  E  R  N  W
F  K  T  S  E  R  E  T  N  I  I  L  K  D
C  U  R  R  E  N  C  Y  K  S  I  H  C  V
C  R  E  D  I  T  G  N  I  O  C  B  A  O
C  H  A  N  G  E  T  C  S  P  B  Q  E  V
H  B  K  L  E  X  I  N  V  E  S  T  T  Z
E  E  T  B  L  R  B  X  M  D  D  I  G  M
C  D  K  N  Y  O  E  I  T  W  C  F  U  P
K  Y  W  I  T  H  D  R  A  W  O  O  T  B
T  N  E  C  A  D  E  W  D  R  L  R  Y  E
D  N  G  K  N  A  B  I  L  L  C  P  P  J
G  E  C  L  A  Y  T  K  R  E  K  X  W  D
C  P  Z  E  X  C  H  A  N  G  E  R  F  H
F  D  T  F  V  Z  P  N  Y  P  K  A  C  S
```

BANK	CURRENCY	INTEREST
BILL	DEBIT	INVEST
CENT	DEBT	NICKLE
CHANGE	DEPOSIT	PENNY
CHECK	DIME	PROFIT
COIN	DOLLAR	QUARTER
CREDIT	EXCHANGE	WITHDRAW

FAMILY MEMBERS

```
M O T H E R W G R T Y J O N
W X M A F E P E R E T S I S
F Z C E E H N E H R P P Q T
V C H K S T L L Q G B O N E
L N I S U O C C P I R U H P
J J L L G R A N D M A S H S
A Y D C R B L U E N A E N O
L B X F A W F E J I I X W N
H A N A N E P H E W I F E W
Z B G I D N C A O T F A N U
V F E P P A R E N T N T G M
Y C B A A D N A B S U H U E
E G P F Z J J M B H D E B X
K A U Y T T P Y X R K R R F
```

AUNT	GRANDPA	PARENT
BABY	HUSBAND	SISTER
BROTHER	MOTHER	SPOUSE
CHILD	NANA	STEPSON
COUSIN	NEPHEW	TWIN
FATHER	NIECE	UNCLE
GRANDMA	PAPA	WIFE

GAMES

```
B  R  I  D  G  E  G  O  R  F  P  A  E  L
S  E  X  Z  Q  G  N  O  P  G  N  I  P  E
C  J  E  N  G  A  Z  S  E  L  B  R  A  M
H  Y  V  O  B  I  N  G  O  P  B  H  R  N
A  A  C  U  A  T  E  Z  Y  C  A  T  C  H
R  H  V  N  L  I  M  B  O  U  C  S  H  F
A  T  I  D  D  L  Y  W  I  N  K  S  E  O
D  Z  C  H  E  C  K  E  R  S  G  X  S  O
E  E  Z  Q  R  P  H  X  L  M  A  C  S  S
S  E  L  U  D  J  O  B  N  C  M  D  H  B
X  V  D  F  A  P  L  K  N  P  M  V  Z  A
F  F  R  I  S  B  E  E  E  L  O  O  P  L
V  S  P  K  H  W  N  P  G  R  N  Q  O  L
H  O  P  S  C  O  T  C  H  S  K  C  A  J
```

BACKGAMMON	CHESS	LIMBO
BALDERDASH	FOOSBALL	MARBLES
BINGO	FRISBEE	PING PONG
BRIDGE	HOPSCOTCH	POKER
CATCH	JACKS	POOL
CHARADES	JENGA	TIDDLYWINKS
CHECKERS	LEAPFROG	YAHTZEE

26

CLEANING

```
O  W  I  P  E  S  E  S  P  E  S  O  B  L
B  J  J  Y  L  G  M  O  O  R  B  Q  H  R
L  Z  J  I  R  O  N  A  F  S  U  T  W  Y
E  V  L  A  B  M  O  O  R  H  C  O  W  T
A  Y  W  C  N  I  A  M  P  U  K  Z  X  R
C  B  M  P  E  G  N  O  P  S  E  B  E  I
H  U  D  E  T  E  R  G  E  N  T  U  D  D
E  R  U  W  Q  P  V  P  A  W  N  A  N  R
R  C  S  P  I  L  L  L  D  R  N  S  I  M
A  S  T  E  A  M  E  R  X  Y  B  U  W  N
F  O  E  T  M  O  I  V  G  O  D  A  J  K
S  A  R  M  G  P  L  U  N  G  E  R  G  V
U  P  O  L  I  S  H  C  V  P  M  E  B  E
F  Q  U  N  O  X  B  V  A  C  U  U  M  J
```

BLEACH	IRON	SPILL
BROOM	MOPS	SPONGE
BUCKET	PLUNGER	STAIN
DETERGENT	POLISH	STEAMER
DUSTER	ROOMBA	VACUUM
GARBAGE	SCRUB	WINDEX
IRON	SOAP	WIPES

CONSTRUCTION TERMS

```
N  E  D  Z  N  F  O  R  K  L  I  F  T  P
A  M  C  R  N  O  T  N  E  M  E  C  O  D
I  Q  H  X  G  U  T  T  E  R  X  I  O  E
L  T  A  M  L  N  F  K  C  M  Q  A  L  M
S  C  R  E  W  D  R  I  V  E  R  Z  B  O
C  E  D  D  H  A  M  M  E  R  O  U  E  L
R  U  H  O  L  T  A  H  D  R  A  H  L  I
E  O  A  B  R  I  C  K  G  S  L  O  T  S
W  S  T  F  S  O  J  O  B  G  L  A  C  H
S  I  S  T  O  N  E  M  T  P  R  O  O  F
K  H  N  D  O  O  W  Y  L  P  F  E  K  T
R  U  R  D  B  U  L  L  D  O  Z  E  R  G
X  T  H  M  O  Z  B  U  I  L  D  I  N  G
D  R  I  L  L  W  D  J  D  B  J  V  Z  L
```

BRICK	FOUNDATION	ROOF
BUILDING	GUTTER	SCREWDRIVER
BULLDOZER	HAMMER	SCREWS
CEMENT	HARD HAT	STONE
DEMOLISH	LOTS	TARP
DRILL	NAILS	TOOL BELT
FORKLIFT	PLYWOOD	WINDOW

OCCUPATIONS

E	L	E	C	T	R	I	C	I	A	N	D	Q	F
N	R	N	Q	Y	R	A	T	E	R	C	E	S	E
G	F	I	R	E	F	I	G	H	T	E	R	E	H
I	W	P	O	L	I	T	I	C	I	A	N	C	C
N	Z	R	S	Y	R	E	Y	W	A	L	B	R	D
E	C	E	C	A	S	H	I	E	R	R	P	E	N
E	R	E	C	E	P	T	I	O	N	I	S	T	S
R	L	I	B	R	A	R	I	A	N	R	A	A	S
M	E	C	H	A	N	I	C	S	U	S	W	R	E
T	R	E	G	A	N	A	M	N	V	J	R	Y	R
O	D	O	C	T	O	R	R	E	H	C	A	E	T
L	I	O	E	N	O	E	G	R	U	S	M	O	I
I	G	S	O	L	D	I	E	R	G	B	W	M	A
P	L	U	M	B	E	R	Y	E	G	D	U	J	W

CASHIER	LAWYER	POLITICIAN
CHEF	LIBRARIAN	RECEPTIONIST
DOCTOR	MANAGER	SECRETARY
ELECTRICIAN	MECHANIC	SOLDIER
ENGINEER	NURSE	SURGEON
FIREFIGHTER	PILOT	TEACHER
JUDGE	PLUMBER	WAITRESS

MEDICAL SUPPLIES

```
P  M  I  N  J  E  C  T  I  O  N  S  N  G
B  N  H  C  T  A  P  E  Y  E  L  H  A  U
T  B  A  N  D  A  G  E  F  T  A  U  G  R
N  E  M  H  Z  U  K  T  Z  O  Z  I  N  Z
E  S  B  S  T  I  T  C  H  E  S  T  I  N
D  D  U  E  O  I  T  C  A  S  T  Y  L  O
T  G  L  U  C  O  M  E  T  E  R  A  S  I
N  X  A  S  P  I  R  I  N  X  E  P  A  T
E  E  N  I  C  C  A  V  F  G  T  O  N  A
M  T  C  A  N  E  P  E  W  L  C  E  T  C
T  F  E  K  G  L  O  V  E  S  H  M  A  I
N  I  K  K  E  C  A  R  B  I  E  Q  C  D
I  W  H  E  E  L  C  H  A  I  R  T  I  E
O  N  Y  C  R  U  T  C  H  E  S  H  D  M
```

AMBULANCE	CRUTCHES	OINTMENT
ANTACID	EYEPATCH	SLING
ASPIRIN	GAUZE	STITCHES
BANDAGE	GLOVES	STRETCHER
BRACE	GLUCOMETER	TAPE
CANE	INJECTION	VACCINE
CAST	MEDICATION	WHEELCHAIR

THINGS PEOPLE COLLECT

```
R  T  Z  U  B  U  S  G  A  B  D  N  A  H
E  P  V  A  W  S  W  M  F  Y  Y  K  I  M
C  S  E  B  O  L  G  A  S  C  V  G  L  B
O  Y  E  S  S  L  S  T  I  C  K  E  R  S
R  S  Y  G  U  E  F  C  M  S  D  S  S  R
D  P  U  D  C  B  T  H  A  L  J  R  C  W
S  M  E  M  O  R  A  B  I  L  I  A  B  C
Z  A  L  O  M  U  R  O  N  O  R  C  A  Y
P  T  K  Q  I  J  T  O  H  D  Q  O  V  R
E  S  T  Q  C  P  W  K  S  M  L  I  F  E
G  L  P  N  S  C  O  S  J  E  M  N  Y  T
T  B  G  R  J  C  R  O  C  K  S  S  C  T
C  D  D  T  I  C  K  E  T  S  O  M  U  O
F  I  G  U  R  I  N  E  S  G  R  X  T  P
```

ARTWORK	DOLLS	MUGS
BELLS	FIGURINES	POTTERY
BOOKS	FILMS	RECORDS
CARDS	GLOBES	ROCKS
CARS	HANDBAGS	STAMPS
COINS	MATCHBOOKS	STICKERS
COMICS	MEMORABILIA	TICKETS

ASTRONOMY

```
K Y R U C R E M E X D S A F
H J U P I T E R J I W C L C
C D N R U T A S U N A R U N
N P J H T R A E A N R J B H
P L A N E T B C P M F P E Y
C O N S T E L L A T I O N H
O S D L L P A I C P X O E F
M E T E O R C P A O O Q P S
E A I A V U K S J M D L T A
T Z R E R W H E Q C U B U O
H X N S F M O B C T X Y N M
O U V X Q L L X O V E F E V
S U G L V R E D G I A N T N
I B V Y X A L A G S P X H E
```

BLACK HOLE	JUPITER	PLANET
COMET	MARS	PLUTO
CONSTELLATION	MERCURY	RED GIANT
DWARF	METEOR	SATURN
EARTH	MOON	STAR
ECLIPSE	NEBULA	URANUS
GALAXY	NEPTUNE	VENUS

TYPES OF STORES

```
D E P A R T M E N T G B V E
J S X D T H R I F T R O F U
Z P E I K N L P O P O U U Q
E O M P O E R S C N C T R I
C R R L D D B A A A E I N T
N T A C A T O I F O R Q I N
E S T A T I O N E R Y U T A
I W G C P E K O N Q I E U I
N E A N E W S M T O Y S R Y
E A R C L O T H I N G A E B
V R D I Z A O M A R K E T Y
N I E G M E R C A N T I L E
O R N R M J E W E L E R Z S
C S L U J I E R A W D R A H
```

ANTIQUE	DEPARTMENT	MERCANTILE
BOOKSTORE	FURNITURE	NEWS
BOUTIQUE	GARDEN	SALON
CAFE	GROCERY	SPORTSWEAR
CLOTHING	HARDWARE	STATIONERY
CONVENIENCE	JEWELER	THRIFT
DELI	MARKET	TOYS

CAR WORDS

```
W  M  C  G  E  N  I  L  O  S  A  G  W  V
Y  V  U  Z  M  E  C  H  A  N  I  C  O  A
T  U  I  D  A  S  H  B  O  A  R  D  I  I
F  R  K  R  A  P  H  O  E  I  B  L  V  S
E  O  K  E  F  E  G  B  R  E  A  Y  P  B
N  T  N  V  E  E  K  P  W  N  G  E  A  R
I  O  H  E  O  D  O  M  E  T  E  R  Y  A
G  R  O  R  R  O  V  W  D  D  I  L  Z  K
N  S  Z  S  G  M  F  Q  E  V  I  R  D  E
E  N  Z  E  K  E  C  H  A  I  S  E  E  S
G  P  N  O  I  T  I  N  G  I  M  L  Q  S
N  R  N  W  H  E  E  L  J  F  H  X  L  M
C  Y  E  T  A  R  E  L  E  C  C  A  J  I
G  R  O  E  X  H  A  U  S  T  F  N  Z  E
```

ACCELERATE	ENGINE	ODOMETER
AIRBAG	EXHAUST	PARK
AXLE	GASOLINE	REVERSE
BRAKES	GEAR	ROTORS
CHAISE	HORN	SPEEDOMETER
DASHBOARD	IGNITION	TIRES
DRIVE	MECHANIC	WHEEL

ANCIENT EGYPT

```
O  B  E  L  I  S  K  Z  X  B  O  C  S  K
U  N  D  D  B  L  W  M  H  K  N  A  O  O
I  M  E  B  I  R  C  S  P  H  I  N  X  T
I  S  E  P  A  P  Y  R  U  S  G  O  Y  Y
C  A  R  T  O  U  C  H  E  E  X  P  W  T
A  R  C  H  I  T  E  C  T  Y  C  I  L  I
Y  C  D  K  U  A  R  Y  A  C  N  C  L  H
B  O  A  H  X  J  M  B  B  T  I  C  O  O
X  P  Y  R  A  M  I  D  O  L  L  E  R  A
J  H  P  R  U  O  V  M  X  B  E  I  C  D
Q  A  P  M  A  Y  B  B  A  R  A  C  S  K
N  G  I  Z  A  T  S  D  Q  E  B  L  I  M
T  U  T  A  N  K  H  A  M  E  N  E  S  Q
W  S  C  I  H  P  Y  L  G  O  R  E  I  H
```

ANKH	MUMMY	SCARAB
ARCHITECT	NILE	SCRIBE
CANOPIC	OBELISK	SCROLL
CARTOUCHE	PAPYRUS	SILT
GIZA	PYRAMID	SPHINX
HIEROGLYPHICS	REED	TOMB
ISIS	SARCOPHAGUS	TUTANKHAMEN

BODY PARTS

I	T	E	Y	Y	V	A	H	X	G	E	V	Q	D
A	N	L	C	G	R	Q	N	S	S	M	N	M	W
R	K	B	X	A	N	K	L	E	G	Z	K	P	C
M	R	O	S	O	F	O	O	T	N	E	Y	E	S
S	Z	W	B	T	V	P	G	R	U	N	S	V	K
E	O	A	O	V	F	L	Y	A	L	K	G	O	G
T	C	T	T	T	Z	Q	Q	E	U	K	C	E	N
K	Y	S	T	O	M	A	C	H	A	N	D	Z	W
P	H	E	O	E	D	P	Z	A	Y	E	E	C	D
E	U	J	M	S	E	K	E	I	V	E	P	Z	R
Y	A	L	M	O	L	T	R	R	E	G	N	I	F
Z	Y	R	I	T	U	P	H	V	Y	W	L	Z	X
K	V	S	S	N	A	T	J	I	J	W	I	K	N
Z	A	J	E	H	G	K	H	G	X	H	M	S	Z

ANKLE	FACE	LUNGS
ARMS	FINGER	MOUTH
BACK	FOOT	NECK
BOTTOM	HAIR	NOSE
EARS	HAND	STOMACH
ELBOW	HEART	TEETH
EYES	KNEE	TOES

WEATHER

```
H  W  N  E  H  S  U  L  S  N  D  R  Z  W
D  R  O  U  G  H  T  C  U  K  R  L  B  V
Y  Z  S  H  U  M  I  D  I  T  Y  P  I  A
P  I  N  U  G  F  H  M  S  S  T  O  R  M
T  V  O  R  T  E  X  O  H  A  S  J  C  Q
O  V  W  R  X  T  R  E  D  N  U  H  T  P
R  I  C  I  A  F  R  O  N  T  N  V  U  S
N  A  V  C  Y  C  L  O  N  E  A  Z  W  U
A  W  I  A  X  O  B  S  Q  W  M  P  J  N
D  S  G  N  I  N  E  T  H  G  I  L  Z  N
O  S  N  E  G  W  K  A  T  V  M  N  T  Y
T  O  M  N  U  M  I  K  O  N  Z  L  D  O
G  H  M  V  S  L  E  E  T  U  V  X  B  R
I  F  T  Q  O  F  R  M  U  C  D  W  B  N
```

CYCLONE	LIGHTENING	STORM
DROUGHT	MILD	SUNNY
FRONT	RAIN	THUNDER
FROST	SKY	TORNADO
HAIL	SLEET	TSUNAMI
HUMIDITY	SLUSH	VORTEX
HURRICANE	SNOW	WIND

COLORS

```
P  Y  E  L  L  O  W  H  I  T  E  B  U  A
Q  Q  L  Z  A  Y  Z  C  Z  A  D  N  N  Z
S  L  K  C  B  L  A  C  K  N  I  P  A  E
I  Z  I  A  B  L  Q  F  R  N  B  Z  M  Q
L  D  P  E  X  B  U  Z  D  E  K  Y  Q  L
V  I  E  G  J  C  A  E  L  B  A  E  D  N
E  K  S  A  H  V  M  L  O  R  B  M  Q  C
R  U  K  S  A  A  A  U  G  J  C  A  V  L
U  L  I  Q  G  Q  R  Y  N  M  J  R  T  O
Z  A  S  E  J  E  I  N  D  I  G  O  E  Z
N  E  N  M  D  U  N  V  B  R  T  O  L  O
E  T  A  H  B  J  E  N  E  D  C  N  O  P
A  Q  V  S  K  N  O  E  U  R  P  R  I  B
W  W  Y  P  E  G  N  A  R  O  L  I  V  E
```

AQUAMARINE	GREEN	PINK
BLACK	INDIGO	SAGE
BLUE	MAGENTA	SILVER
CREAM	MAROON	TEAL
FUCHSIA	NAVY	VIOLET
GOLD	OLIVE	WHITE
GRAY	ORANGE	YELLOW

WORDS RELATED TO ROYALTY

```
I  G  D  P  T  H  R  O  N  E  S  A  Q  H
O  A  R  C  H  D  U  K  E  U  O  A  T  E
H  I  B  I  R  O  R  E  P  M  E  N  S  I
H  R  E  T  S  E  J  O  I  G  R  O  M  R
H  E  L  T  S  A  C  W  P  N  Q  R  E  E
K  S  Y  K  D  S  R  P  O  P  O  A  S  S
N  A  R  I  S  T  O  C  R  A  T  B  J  S
I  K  Z  N  P  U  W  I  T  I  N  O  L  X
G  F  I  G  W  E  N  Q  C  L  N  P  A  E
H  S  S  E  H  C  U  D  U  O  W  C  G  L
T  Z  F  T  E  E  B  N  L  R  U  I  E  A
X  P  V  S  E  B  O  P  L  D  N  R  R  U
I  Q  S  N  N  Z  C  N  I  F  L  H  T  I
E  N  P  J  E  W  E  L  S  H  X  B  D  E
```

ARCHDUKE	EMPEROR	NOBLE
ARISTOCRAT	HEIRESS	PORTCULLIS
BARON	JESTER	PRINCE
CASTLE	JEWELS	PRINCESS
COURT	KING	QUEEN
CROWN	KNIGHT	REGAL
DUCHESS	LORD	THRONE

PLAYGROUND ACTIVITIES

```
G  T  D  C  H  A  S  E  X  K  D  I  B  J
C  A  T  C  H  H  I  D  I  N  G  A  S  F
L  V  W  U  B  Z  U  I  V  T  E  R  G  R
I  D  V  C  A  P  X  C  Q  T  Q  K  W  I
M  H  O  U  S  E  G  N  I  P  M  U  J  S
B  O  Z  N  K  I  C  K  B  A  L  L  S  B
I  P  L  D  E  T  L  S  E  D  I  L  S  E
N  S  F  D  T  K  S  H  M  T  Z  A  K  E
G  C  N  L  B  T  N  G  X  B  N  B  I  D
M  O  C  D  A  N  J  E  N  D  D  T  P  E
P  T  H  U  L  A  W  N  B  I  U  F  P  R
R  C  H  A  L  K  M  O  H  X  W  O  I  K
O  H  K  P  J  D  X  T  X  I  V  S  N  T
Z  I  C  S  T  R  O  P  S  E  M  A  G  U
```

BASKETBALL	HIDING	SANDBOX
CATCH	HOPSCOTCH	SKIPPING
CHALK	HOUSE	SLIDES
CHASE	HULA	SOFTBALL
CLIMBING	JUMPING	SPORTS
FRISBEE	KICKBALL	SPUD
GAMES	KITE	SWINGS

WORDS RELATED TO MOVIES

```
K  E  B  B  U  E  R  U  T  N  E  V  D  A
Y  C  L  Z  P  U  Y  E  Q  E  Z  V  C  X
R  D  O  C  U  M  E  N  T  A  R  Y  B  K
O  L  C  M  A  N  I  M  A  T  I  O  N  R
T  Y  K  N  E  R  F  G  T  P  I  R  C  S
C  E  B  P  G  D  T  I  C  K  E  T  A  T
A  B  U  S  O  X  Y  O  N  M  I  E  N  C
M  X  S  T  U  B  S  N  O  D  H  G  D  E
A  C  T  R  E  S  S  J  U  N  I  Y  Y  F
R  F  E  A  T  U  R  E  Q  H  O  E  O  F
D  I  R  E  C  T  O  R  O  M  A  N  C  E
X  A  C  T  I  O  N  F  O  F  J  D  E  I
T  T  K  C  A  R  T  D  N  U  O  S  D  Z
H  F  Z  M  U  K  N  R  O  C  P  O  P  O
```

ACTION	CARTOON	INDIE
ACTOR	COMEDY	POPCORN
ACTRESS	DIRECTOR	ROMANCE
ADVENTURE	DOCUMENTARY	SCRIPT
ANIMATION	DRAMA	SOUNDTRACK
BLOCKBUSTER	EFFECTS	STUB
CANDY	FEATURE	TICKET

THINGS FOUND IN ARCTIC CLIMATE

```
R  G  R  I  Z  Z  L  Y  K  V  D  L  V  B
C  C  Z  J  B  A  R  O  R  U  A  L  F  F
E  N  S  D  C  F  S  H  L  A  E  S  K  R
K  I  F  B  E  L  U  G  A  G  E  A  S  R
P  A  A  A  N  M  Y  W  L  X  A  Q  U  Z
A  P  E  R  M  A  F  R  O  S  T  E  R  J
C  U  E  C  J  E  Y  F  K  Y  N  W  L  D
E  F  E  N  S  F  O  U  J  R  A  O  A  K
C  F  H  R  G  I  Y  N  E  L  A  H  W  J
I  I  O  I  N  U  I  T  Y  M  E  E  J  R
C  N  G  L  A  C  I  E  R  B  A  A  F  H
N  S  E  L  Z  T  U  N  D  R  A  T  V  I
A  A  C  R  O  Z  Y  K  N  P  J  A  Z  H
K  J  U  W  W  O  L  F  A  S  N  D  F  H
```

AURORA	IGLOO	SEAL
BELUGA	INUIT	SNOW
CRAB	NORSE	TERN
FOXES	ORCA	TUNDRA
GLACIER	PENGUIN	WALRUS
GRIZZLY	PERMAFROST	WHALE
ICECAP	PUFFIN	WOLF

READING

```
N  S  I  N  D  E  X  X  B  S  E  G  A  P
D  T  L  G  G  N  I  T  T  E  S  Z  C  A
Z  N  L  I  B  R  A  R  Y  L  E  C  N  P
E  E  U  I  S  T  O  R  Y  X  I  Y  A  E
K  T  S  U  I  M  R  O  O  H  R  R  R  R
R  N  T  D  B  E  M  H  G  I  E  H  R  B
A  O  R  R  C  U  J  T  C  T  S  D  A  A
M  C  A  K  H  G  J  U  C  X  D  N  T  C
K  H  T  P  V  O  P  A  Q  A  B  O  O  K
O  A  O  L  T  L  R  A  T  M  D  I  R  B
O  P  R  O  T  A  G  O  N  I  S  T  W  M
B  T  N  T  H  I  W  K  C  L  U  C  Y  B
I  E  C  C  W  D  X  Q  R  C  M  I  C  C
I  R  L  M  B  Y  S  A  T  N  A  F  D  P
```

AUTHOR	DIALOGUE	PAGES
BOOK	FANTASY	PAPERBACK
BOOKMARK	FICTION	PLOT
CHAPTER	ILLUSTRATOR	PROTAGONIST
CHARACTER	INDEX	SERIES
CLIMAX	LIBRARY	SETTING
CONTENTS	NARRATOR	STORY

CLOTHING

```
N  A  C  V  D  U  H  G  S  H  I  R  T  C
N  I  U  C  O  A  T  V  N  X  W  I  T  M
P  S  G  N  S  G  T  S  E  V  V  V  B  H
A  E  W  H  D  A  S  R  H  L  E  R  R  R
N  F  L  E  T  E  M  W  O  F  A  G  I  Z
T  S  J  O  A  G  R  A  E  S  J  R  E  H
S  H  T  A  S  T  O  W  J  A  K  C  F  H
U  O  H  R  C  I  P  W  E  A  T  E  S  G
B  R  T  U  I  K  M  A  N  A  P  E  S  R
L  T  I  V  S  K  E  A  N  S  R  X  R  U
X  S  U  S  Q  E  S  T  C  T  S  R  F  Q
D  O  S  G  K  C  O  S  B  D  S  E  Y  U
O  C  A  D  V  E  M  H  A  T  S  T  R  P
V  L  E  G  G  I  N  G  S  K  M  U  H  D
```

BRAS	LEGGINGS	SKIRT
BRIEFS	NIGHTGOWN	SOCK
CAMISOLE	PAJAMAS	SUIT
COAT	PANTS	SWEATER
DRESS	SHIRT	SWEATPANTS
HATS	SHOES	UNDERWEAR
JACKET	SHORTS	VEST

44

EMOTIONS

W	D	E	S	U	F	N	O	C	N	W	E	W	S
U	D	U	O	R	P	E	S	S	O	R	C	M	A
W	R	N	N	E	W	O	R	R	I	E	D	U	D
F	Z	D	R	L	Y	P	P	A	H	N	E	R	D
R	E	L	I	E	V	E	D	A	L	G	T	Y	E
U	I	R	R	I	T	A	B	L	E	L	I	L	N
S	Q	E	D	H	J	S	T	D	O	Q	C	T	E
T	H	L	R	T	P	U	R	E	Q	N	X	H	D
R	C	A	N	G	R	Y	Y	R	I	P	E	T	B
A	N	X	I	O	U	S	G	A	P	B	D	L	B
T	D	E	R	I	T	F	T	C	S	I	L	L	Y
E	L	D	E	P	R	E	S	S	E	D	V	F	Y
D	S	R	S	U	R	P	R	I	S	E	D	G	O
P	X	Z	R	V	E	B	Y	L	P	C	R	H	Z

ANGRY	GLAD	SADDENED
ANXIOUS	HAPPY	SCARED
CONFUSED	IRRITABLE	SILLY
CROSS	LONELY	STERN
DEPRESSED	PROUD	SURPRISED
EXCITED	RELAXED	TIRED
FRUSTRATED	RELIEVED	WORRIED

THINGS THAT ARE WHITE

```
W  R  E  F  R  I  G  E  R  A  T  O  R  T
B  U  G  L  X  B  G  I  W  L  L  R  U  Q
B  W  R  Q  N  I  M  U  B  L  A  N  L  H
D  O  E  Z  N  N  H  O  G  H  O  S  T  V
F  L  T  Q  A  C  H  T  M  C  A  C  X  B
V  L  K  W  L  W  D  K  O  L  V  N  U  O
T  A  S  C  O  R  B  C  C  O  T  T  O  N
P  M  S  N  O  W  D  R  I  F  T  M  Z  E
K  H  S  C  O  V  T  K  P  A  P  E  R  S
I  S  A  U  L  W  H  D  L  O  O  M  U  R
N  R  L  V  G  O  M  C  M  I  O  O  F  Y
D  A  T  P  V  A  U  A  O  J  M  L  G  A
W  M  J  E  C  I  R  D  N  J  S  G  G  V
B  R  Z  H  T  P  G  B  X  Q  U  P  R  I
```

ALBUMIN	IGLOO	SNOW
BONES	MARSHMALLOW	SNOWDRIFT
CLOUD	MILK	SNOWMAN
COCONUT	PAPER	SUGAR
COTTON	REFRIGERATOR	SWAN
EGRET	RICE	TALC
GHOST	SALT	TOOTH

WOODEN ITEMS

```
D  J  V  S  K  C  I  T  S  P  O  H  C  X
O  P  B  T  R  U  L  E  R  L  X  D  F  K
L  I  A  A  B  E  O  U  O  T  O  A  S  D
L  T  I  D  R  E  Z  O  U  B  E  P  X
H  A  H  Q  D  R  N  T  I  Z  D  V  R  U
O  W  U  S  T  L  E  C  U  F  N  X  E  N
U  A  F  N  Z  M  E  L  H  H  A  M  S  I
S  G  S  N  O  W  S  H  O  E  S  F  P  L
E  T  A  E  S  U  O  H  D  R  I  B  E  O
I  B  S  Z  T  E  N  I  B  A  C  R  N  I
K  D  N  E  E  S  K  C  O  L  B  U  C  V
S  E  A  V  H  B  O  A  R  D  S  H  I  C
X  C  M  E  L  C  O  M  O  S  F  M  L  A
H  K  T  I  S  K  C  I  P  H  T  O  O  T
```

BARREL	CHOPSTICKS	RULER
BENCH	DECK	SANDBOX
BIRDHOUSE	DESK	SHUTTER
BLOCKS	DOLLHOUSE	SNOWSHOES
BOARDS	GAZEBO	TOOTHPICKS
CABINET	PADDLE	TOTEM
CHEST	PENCIL	VIOLIN

KITCHEN EQUIPMENT

```
C  O  L  A  N  D  E  R  G  M  M  B  K  P
H  R  E  L  T  T  E  K  J  N  H  R  J  T
Y  T  E  V  Z  R  P  Y  Y  I  E  U  E  G
K  O  A  F  A  W  Z  C  D  X  I  L  S  Y
D  A  C  B  R  W  C  Q  I  C  D  B  P  U
O  S  Y  O  L  I  O  M  E  A  O  L  A  N
T  T  Z  C  O  E  G  R  L  Q  H  E  T  O
E  E  K  N  T  K  S  E  C  U  R  N  U  O
L  R  X  R  S  S  B  P  R  I  W  D  L  P
L  D  A  I  E  S  W  O  O  A  M  E  A  S
I  Y  H  H  I  O  O  B  O  O  T  R  M  A
K  W  S  N  K  Q  P  B  O  K  N  O  K  E
S  I  K  S  X  A  L  U  W  W  U  O  R  T
D  O  F  R  E  E  Z  E  R  M  L  W  S  P
```

BLENDER	KETTLE	SPATULA
BOWL	LADLE	TABLESPOON
COLANDER	MICROWAVE	TEASPOON
COOKBOOK	MIXER	TOASTER
DISHES	REFRIGERATOR	TRAY
FREEZER	SINK	WHISK
JUICER	SKILLET	WOKS

TOOLS

```
S  C  L  U  S  V  U  M  L  N  H  P  W  N
P  I  Q  K  D  W  U  Y  C  S  K  D  R  S
L  S  V  V  Z  Z  Y  B  J  B  F  T  Z  S
I  T  A  X  E  S  H  A  T  C  H  E  T  T
E  S  C  R  E  W  D  R  I  V  E  R  F  I
R  H  A  H  U  C  D  R  I  L  L  O  C  B
S  D  C  N  I  L  L  C  P  G  G  A  Z  L
C  D  D  N  D  S  E  A  P  J  I  E  B  A
C  V  W  L  E  E  E  R  T  F  P  N  M  D
E  F  I  N  K  R  R  L  U  H  I  A  V  E
W  A  S  G  I  J  W  L  E  V  E  L  T  E
U  F  R  E  M  M  A  H  M  V  Y  P  E  W
N  H  A  C  K  S  A  W  H  Y  O  J  L  M
V  H  C  W  U  Y  U  A  F  D  H  L  K  E
```

AXES	HAMMER	PLIERS
BITS	HATCHET	RASP
BLADE	JIGSAW	RULER
CHISEL	KNIFE	SANDER
DRILL	LATHE	SCREWDRIVER
FILE	LEVEL	VICE
HACKSAW	PLANE	WRENCH

OCEAN

```
E  P  O  R  P  O  I  S  E  W  J  H  C  C
K  N  R  Y  B  B  P  B  R  H  Y  A  R  O
V  O  C  Z  S  J  U  C  P  P  K  A  D  R
U  L  A  R  M  T  W  E  P  L  B  E  H  A
S  A  X  X  X  D  E  U  L  U  O  W  G  L
C  E  S  T  I  N  G  R  A  Y  E  N  S  X
L  O  A  T  M  E  S  W  E  N  L  W  E  N
A  H  R  W  A  L  R  U  S  T  U  G  E  N
M  H  G  H  E  R  X  H  L  P  D  T  E  I
B  K  A  A  Z  E  F  G  E  W  A  T  L  H
K  R  I  L  L  E  D  I  S  K  Q  P  S  P
D  H  O  E  K  R  A  H  S  W  F  Z  C  L
E  L  C  A  N  R  A  B  U  H  A  T  E  O
Y  Q  J  Z  C  A  F  X  M  U  Y  N  S  D
```

BARNACLE	KRILL	SHARK
CLAM	MUSSEL	SKATE
CORAL	ORCA	STARFISH
CRAB	OYSTER	STINGRAY
DOLPHIN	PORPOISE	TUNA
EELS	SEAL	WALRUS
GUPPY	SEAWEED	WHALE

THINGS THAT FLOAT

```
L  D  V  J  C  J  D  P  Q  L  O  H  H  P
I  S  R  E  A  L  Z  Q  U  C  E  I  H  Q
L  K  T  A  Z  P  O  I  P  M  L  U  L  H
Y  W  I  Y  O  T  P  T  U  S  I  K  T  S
W  E  K  C  R  B  A  L  H  W  Q  C  C  P
I  D  P  O  K  O  F  O  E  E  V  F  E  O
B  F  R  R  O  B  F  R  B  K  S  G  P  N
A  E  C  I  E  B  O  O  U  A  R  P  O  G
L  L  W  A  F  I  M  A  A  S  A  O  I  E
L  T  R  K  N  T  C  A  R  M  J  D  C  N
O  T  P  A  A  O  W  A  B  D  A  H  F  E
O  O  N  M  L  Y  E  O  L  E  A  V  E  S
N  B  U  O  Y  N  A  R  O  G  F  K  D  R
L  G  I  W  P  V  E  K  O  D  U  C  K  Y
```

APPLE	CLOTHESPIN	LEAVES
BALLOON	CORK	LILY
BAMBOO	DRIFTWOOD	OILS
BOAT	DUCKY	PUMICE
BOTTLE	GLACIER	SPONGE
BUOY	KAYAK	STYROFOAM
CANOE	KICKBOARD	SURFBOARD

BATHROOM ITEMS

```
N  Y  A  T  P  I  V  P  E  S  S  U  O  M
C  U  F  N  M  I  R  R  O  R  A  Z  O  R
U  T  O  O  T  H  B  R  U  S  H  W  P  H
R  C  O  N  D  I  T  I  O  N  E  R  M  X
L  F  L  O  S  S  O  A  P  X  H  G  A  Z
E  W  E  B  T  O  I  L  E  T  Y  L  H  K
R  N  L  T  O  H  A  I  R  B  R  U  S  H
S  B  N  M  W  W  P  L  U  N  G  E  R  J
X  N  V  Z  B  B  U  A  L  M  C  O  R  B
U  P  U  E  K  A  M  J  S  H  O  W  E  R
B  V  F  R  K  B  I  O  X  T  O  W  E  L
X  F  H  B  M  O  C  O  H  B  E  R  V  F
O  X  E  R  D  K  E  B  U  T  H  T  A  B
J  W  A  S  H  C  L  O  T  H  M  U  S  W
```

BATHTUB	MAKEUP	SHOWER
COMB	MIRROR	SOAP
CONDITIONER	MOUSSE	TOILET
CURLERS	PLUNGER	TOOTHBRUSH
FLOSS	PUMICE	TOOTHPASTE
HAIRBRUSH	RAZOR	TOWEL
LOOFA	SHAMPOO	WASHCLOTH

JUNK FOOD

```
I  E  L  T  T  I  R  B  A  C  O  N  M  Y
G  D  S  E  K  A  H  S  K  L  I  M  R  N
U  X  M  J  C  V  J  Z  J  E  O  D  B  A
M  L  I  Q  S  S  E  I  K  O  O  C  U  C
M  P  L  Q  Y  D  N  A  C  U  H  H  N  H
I  O  K  U  X  W  T  D  G  U  S  I  K  O
E  P  S  P  D  V  F  H  R  E  X  P  F  S
S  I  H  T  V  P  N  R  I  B  F  S  A  T
P  L  A  T  R  U  O  R  I  M  C  D  S  J
S  L  K  K  T  U  F  P  U  T  A  O  L  F
A  O  E  X  Y  A  D  U  C  O  T  C  C  Z
O  L  D  M  P  X  F  E  D  O  Y  E  S  K
H  V  O  A  C  J  K  F  L  G  R  T  R  G
T  W  I  N  K  I  E  L  Y  G  E  N  C  H
```

BACON	DOUGHNUT	MILKSHAKE
BRITTLE	FLOAT	NACHOS
CANDY	FRIES	POPCORN
CHIPS	FRITTER	SODA
CHURRO	FUDGE	STRUDEL
COLA	GUMMIES	TAFFY
COOKIES	LOLLIPOP	TWINKIE

53

THINGS TO PACK FOR VACATION

```
S  F  I  L  M  W  U  R  E  T  P  A  D  A
E  E  S  S  U  B  A  N  D  A  N  A  M  X
I  G  S  W  U  G  T  Y  X  N  C  D  Y  H
R  E  X  S  I  N  G  I  V  I  S  O  R  H
T  M  E  F  A  M  S  A  N  D  A  L  S  A
E  J  A  N  L  L  W  C  G  R  B  O  O  K
L  A  O  P  I  A  G  E  R  E  U  T  A  T
I  K  R  U  S  Z  S  N  A  E  P  I  X  O
O  S  O  E  R  U  A  H  U  R  E  O  K  W
T  R  I  L  M  N  Q  G  L  S  Z  N  V  E
E  B  P  C  D  A  A  S  A  I  S  D  F  L
N  Q  Y  S  V  P  C  L  L  M  G  P  C  D
T  N  A  L  L  E  P  E  R  J  Q  H  A  J
I  T  I  N  E  R  A  R  Y  V  E  V  T  M
```

ADAPTER	JOURNAL	SUNGLASSES
BANDANA	LOTION	SUNSCREEN
BOOK	LUGGAGE	SWIMWEAR
CAMERA	MAGAZINE	TENT
FILM	MAPS	TOILETRIES
FLASHLIGHT	REPELLANT	TOWEL
ITINERARY	SANDALS	VISOR

THINGS IN THE SKY

```
C B M R B U T T E R F L Y Q
O A I R P L A N E N Y I G P
N L T H E L I C O P T E R J
T L S M O E S K Y D I V E R
R O M R O V N M M C W T Z N
A O O A N S E I V G O E D B
I N G T R S P R H I J M I E
L H N S E E K H C S Z I E U
S S S U N R I S E R N T W T
Q T A U B S A J V R A U G A
A A E L N D U O L C E F S R
O B I R D S W X W L K I T E
S M T X Y J E T S W N R W I
P F L G R J Y T E N A L P J
```

AIRPLANE	CLOUD	PLANET
ATMOSPHERE	COMET	SKYDIVER
BALLOON	CONTRAILS	SMOG
BATS	HELICOPTER	STAR
BIRD	HOVERCRAFT	SUNRISE
BLIMP	JETS	SUNSET
BUTTERFLY	KITE	SUNSHINE

55

PIZZA TOPPINGS

```
L  I  S  A  B  A  C  O  N  W  C  T  E  O
W  I  A  G  P  A  R  M  E  S  A  N  L  N
G  M  B  A  F  S  W  R  K  L  S  I  P  I
H  B  J  R  H  B  Y  W  C  G  V  Y  P  O
P  N  O  L  A  M  R  R  I  E  E  D  A  N
S  E  R  I  M  L  K  O  H  H  T  P  E  P
S  Y  P  C  S  U  L  O  C  R  Y  L  N  E
T  A  V  P  O  T  S  E  P  C  J  X  I  P
W  O  U  O  E  S  C  H  R  C  O  W  P  P
X  F  M  S  H  R  A  H  R  A  P  L  J  E
A  F  E  A  A  C  O  U  E  O  Z  D  I  R
H  U  B  F  T  G  N  N  C  E  O  Z  I  U
T  F  R  K  H  O  E  A  I  E  S  M  O  W
S  P  I  N  A  C  H  G  C  Z  G  E  J  M
```

ANCHOVY	HAMS	PEPPERONI
BACON	MOZZARELLA	PESTO
BASIL	MUSHROOM	PINEAPPLE
BROCCOLI	OLIVE	SAUCE
CHEESE	ONION	SAUSAGE
CHICKEN	PARMESAN	SPINACH
GARLIC	PEPPER	TOMATO

BONES

C	P	S	V	H	U	M	E	R	U	S	A	D	J
I	E	Z	B	L	Y	A	N	L	U	N	P	G	E
F	E	N	T	I	P	O	A	N	A	P	C	Q	O
S	U	I	D	A	R	S	I	I	N	C	U	S	N
P	I	R	F	U	R	L	B	D	W	Z	B	G	A
W	E	I	M	A	F	I	B	U	L	A	O	T	V
H	M	E	T	A	T	A	R	S	A	L	I	Y	I
H	F	P	H	A	L	A	N	G	E	L	D	N	C
B	J	N	H	T	O	G	Q	I	I	E	U	L	U
A	L	U	P	A	C	S	E	P	A	T	S	W	L
H	V	W	V	E	R	T	E	B	R	A	K	J	A
I	G	D	M	R	O	F	I	S	I	P	U	M	R
V	X	K	T	G	N	F	R	Y	L	H	L	W	P
I	G	D	I	O	M	A	S	E	S	R	L	P	M

CUBOID	NAVICULAR	SESAMOID
FEMUR	PATELLA	SKULL
FIBULA	PHALANGE	STAPES
HUMERUS	PISIFORM	TARSAL
HYOID	RADIUS	TIBIA
INCUS	RIBS	ULNA
METATARSAL	SCAPULA	VERTEBRA

CRIME SCENE WORDS

```
X E E J N O I T U A C X A H
D P F W F T M Z V N R W E A
E T A G I T S E V N I I A N
T B U P N J A N I H M T I D
E U T O G U N O C O I N K C
C R O L E K Z S T A N E J U
T G P I R V F R I M A S R F
I L S C P E I A M L L S H F
V A Y E R S G D I U L M C S
E R M O I C V B E Q R Q R A
R Y L O N A I M Z N C D A T
R B Y S T P A X Z L C L E M
A K K Q S E B L O O D E S R
X A C C U S E D I C I M O H
```

ACCUSE	CRIMINAL	HOMICIDE
ALIBI	DETECTIVE	INVESTIGATE
ARSON	ESCAPE	MURDER
AUTOPSY	EVIDENCE	POLICE
BLOOD	FINGERPRINTS	SEARCH
BURGLARY	GUN	VICTIM
CAUTION	HANDCUFFS	WITNESS

ON THE FARM

```
K  Q  I  Y  Z  O  P  M  U  K  Z  T  D  E
A  W  V  G  G  N  H  K  L  E  V  D  M  A
G  O  E  C  N  E  K  C  I  H  C  C  L  Q
P  N  G  A  S  H  E  E  P  I  G  E  R  N
S  H  O  T  T  R  A  C  T  O  R  L  B  Q
O  I  C  T  A  H  A  Y  R  G  W  D  H  E
B  M  A  L  B  O  E  C  W  O  C  D  X  N
Z  R  T  E  L  R  H  R  P  A  P  A  U  G
G  C  G  Z  E  S  F  O  V  T  E  S  E  O
Q  O  E  A  Z  E  N  O  M  A  G  H  E  M
E  Z  E  P  E  Y  N  S  T  M  N  I  Z  T
A  A  D  D  U  C  K  T  X  O  M  E  P  G
B  D  C  A  I  N  J  E  R  V  C  G  L  X
V  A  F  A  R  M  E  R  R  S  U  G  W  B
```

CATTLE	FEED	PONY
CHICKEN	GOAT	ROOSTER
COW	HAY	SADDLE
CROPS	HEN	SHEEP
DUCK	HORSE	STABLE
EGG	LAMB	TRACTOR
FARMER	PIG	WEATHERVANE

59

MATH WORDS

C	I	R	C	L	E	A	R	B	E	G	L	A	E
C	T	S	V	J	M	E	L	B	O	R	P	D	Q
P	I	R	U	U	L	Z	F	J	A	X	I	V	E
E	Q	T	I	B	Q	X	S	J	E	V	H	V	L
R	N	U	E	G	T	U	S	E	I	R	R	O	B
I	A	M	A	M	O	R	O	D	Y	L	E	L	A
M	B	D	O	N	H	N	A	T	P	P	B	U	I
E	U	F	D	D	T	T	O	C	I	Y	M	M	R
T	H	L	O	I	E	I	I	M	T	E	U	E	A
E	J	P	T	R	T	L	T	R	E	I	N	Y	V
R	Q	U	A	I	M	I	V	Y	A	T	O	T	U
K	G	C	C	R	P	U	O	A	X	R	R	N	E
U	N	I	T	S	G	L	L	N	W	F	E	Y	Y
M	E	A	S	U	R	E	Y	A	M	N	P	A	Y

ADDITION	GRAPH	QUANTITY
ALGEBRA	MEASURE	QUOTIENT
AREA	MODEL	SUBTRACTION
ARITHMETIC	MULTIPLY	TRIGONOMETRY
CIRCLE	NUMBER	UNITS
DIVIDE	PERIMETER	VARIABLE
FORMULA	PROBLEM	VOLUME

THINGS A BABY NEEDS

```
J  B  C  P  A  C  I  F  I  E  R  C  S  F
P  Z  R  Y  B  A  L  L  U  L  M  M  Z  O
H  J  L  J  T  A  J  B  O  T  T  L  E  R
W  W  O  B  L  A  N  K  E  T  N  Q  F  M
X  R  E  G  W  O  C  H  S  A  N  R  E  U
N  T  E  E  T  H  I  N  G  R  I  N  G  L
V  B  G  P  R  E  L  L  O  R  T  S  E  A
T  O  C  V  E  I  S  E  N  O  V  Y  L  W
A  O  S  E  P  I  W  N  D  M  W  K  D  D
E  T  D  Y  V  P  A  T  L  P  A  N  A  K
S  I  I  T  S  Q  D  B  V  E  Z  I  R  L
R  E  P  A  I  D  D  W  C  R  I  B  C  X
A  S  I  D  D  G  L  A  X  I  L  I  K  V
C  K  P  O  W  D  E  R  W  L  R  B  Z  A
```

BIB	CRADLE	POWDER
BINKY	CRIB	RATTLE
BJORN	DIAPER	ROMPER
BLANKET	FORMULA	STROLLER
BOOTIES	LULLABY	SWADDLE
BOTTLE	ONESIE	TEETHING RING
CAR SEAT	PACIFIER	WIPES

ICE CREAM FLAVORS

```
B  U  B  B  L  E  G  U  M  O  X  O  S  S
T  L  J  M  A  R  S  H  M  A  L  L  O  W
P  E  A  N  U  T  B  U  T  T  E  R  E  F
O  N  F  C  A  K  E  B  A  T  T  E  R  E
E  E  L  O  K  X  V  P  I  A  H  C  O  M
I  A  R  O  V  R  M  A  Q  K  V  S  C  I
N  P  I  K  E  B  A  R  N  L  V  E  K  N
W  O  W  I  E  R  N  S  E  I  G  M  Y  T
O  L  S  E  F  B  G  M  P  N  L  W  R  C
R  I  E  D  F  R  O  C  A  B  W  L  O  H
B  T  G  O  N  D  R  S  E  E  R  A  I
P  A  D  U  C  W  O  B  N  I  A  R  D  P
S  N  U  G  S  T  R  A  W  B  E  R  R  Y
P  S  F  H  O  I  H  C  A  T  S  I  P  Y
```

BLACK RASPBERRY	LEMON	OREO
BROWNIE	MANGO	PEANUT BUTTER
BUBBLE GUM	MARSHMALLOW	PISTACHIO
CAKE BATTER	MINT CHIP	RAINBOW
COFFEE	MOCHA	ROCKY ROAD
COOKIE DOUGH	NEAPOLITAN	STRAWBERRY
FUDGE SWIRL	ORANGE	VANILLA

COMPUTER WORDS

```
E C I M E D O M E M O R Y W
T T R X D R A O B Y E K E H
H O F V C R M O N I T O R A
E U F A G C U E U L I R A R
R C M O U S E Q N A G Y W D
N H R S D R L R K Q L Z T W
E P R O C E S S I N G L F A
T A R S U A H A H K S H O R
X D P I Z T N V D B Z W S E
S Q N Q N I E N S Y Q Y W H
B E D Z K T L R E M A I L V
P R Z E S S E L E R I W U I
K R O W T E N R E T N I Q I
D A T A B A S E Y T O I B M
```

DATABASE	MEMORY	PROGRAM
EMAIL	MODEM	ROUTER
ETHERNET	MONITOR	SCANNER
HARDWARE	MOUSE	SCREEN
INTERNET	NETWORK	SOFTWARE
KEYBOARD	PRINTER	TOUCHPAD
MACRO	PROCESSING	WIRELESS

AMUSEMENT PARK

```
C  A  R  O  U  S  E  L  Y  P  Z  Z  N  Z
A  P  R  E  T  Z  E  L  C  W  A  L  G  W
R  G  R  C  H  A  R  A  C  T  E  R  S  Y
N  F  A  I  R  G  R  O  U  N  D  A  D  T
I  E  A  M  Z  B  I  Y  V  F  K  N  G  E
V  Q  R  M  E  E  D  H  F  D  A  J  L  R
A  R  F  P  I  S  E  B  U  C  K  L  E  R
L  I  G  O  L  L  F  Y  K  Z  W  D  F  O
Q  S  P  I  N  N  I  N  G  A  I  G  O  R
C  O  A  S  T  E  R  E  X  L  O  R  I  I
S  R  I  N  E  V  U  O  S  N  W  O  L  C
O  E  T  I  C  K  E  T  H  R  I  L  L  P
U  S  C  R  E  A  M  G  J  U  M  T  Y  K
X  A  W  W  Z  F  A  E  S  U  A  N  Q  D
```

BUCKLE	FAIRGROUNDS	SCREAM
CANDY	FAMILIES	SLIDE
CARNIVAL	GAMES	SOUVENIRS
CAROUSEL	NAUSEA	SPINNING
CHARACTERS	PRETZEL	TERROR
CLOWN	PRIZE	THRILL
COASTER	RIDE	TICKET

64

CELEBRATIONS

```
G  T  H  A  N  K  S  G  I  V  I  N  G  I
H  R  R  K  G  A  T  H  E  R  I  N  G  V
C  A  A  A  W  S  H  A  B  B  A  T  I  S
F  H  K  D  M  A  Y  S  A  B  B  A  T  H
I  N  R  K  U  A  N  T  L  E  Y  R  D  O
K  H  Y  I  U  A  D  Z  R  C  I  Y  A  W
P  C  X  A  S  N  T  A  A  A  M  B  L  E
R  W  U  G  D  T  A  I  N  F  P  E  L  R
E  E  E  L  R  H  M  H  O  L  I  D  A  Y
S  D  U  C  T  E  T  A  C  N  N  Q  U  L
E  D  K  L  B  O  T  R  S  T  F  I  G  M
N  I  F  V  D  O  P  S  I  S  W  Y  R  H
T  N  O  M  S  I  T  P  A  B  H  R  M  R
S  G  F  L  A  V  I  T  S  E  F  M  G  O
```

BAPTISM	GRADUATION	PRESENTS
BIRTHDAY	HANUKKAH	RAMADAN
CHRISTMAS	HOLIDAY	SABBATH
EASTER	KWANZA	SHABBAT
FESTIVAL	MEAL	SHOWER
GATHERING	PARTY	THANKSGIVING
GIFTS	POTLUCK	WEDDING

BEACH

```
H C A S T L E R B L E W O T
Z T C Q L B A R N A C L E H
O S Y I M A A W M L X C O X
O Q A T D B D F V T K C M N
A P Q A D O D N X H B I D E
W O M N T Q L L A Y W A V E
O P A I R V A P T S U R F R
T S A N D W I C H A A D V C
R I E F I F Y O M I S N J S
E C R A B M V P H L N A D N
D L W P G E U R E B R M T U
N E P U L U A T X O S U X S
U J L C J R L Q S A Q S E S
Y L I R N A N L Y T T E J C
```

BARNACLE	POPSICLE	SHOVEL
CASTLE	SAILBOAT	SUNSCREEN
CRAB	SAND	SURF
DOLPHIN	SANDALS	SWIM
GULL	SANDBAR	TOWEL
JETTY	SANDWICH	UNDERTOW
PAIL	SEAGULL	WAVE

BEVERAGES

```
O L D Q M P Y M A H C O M P
L E V E E D C D X Q M B S F
X C N Y W K L I M V W V H R
U I K Q T R W K N I L C E A
W U R B E E R A Z O N Z G P
A J C D T A O L F U T D G P
T N I G H T C A P I E V N E
E C O F F E E A R T A F O I
R Q O B C X L P X M S E G Q
U I D L X W S H A K E T S Y
R L X B A L C O H O L R H N
W N G U E P F G D V L Z N U
O S E L T Z E R U A E B Z J
L F H B Y W F X G Q E U P U
```

ALCOHOL	FRAPPE	SHAKE
BEER	JUICE	SODA
CIDER	MILK	SPRITZER
COFFEE	MOCHA	TEAS
COLA	NIGHTCAP	TONIC
EGGNOG	PUNCH	WATER
FLOAT	SELTZER	WINE

CONDIMENTS

```
R  E  L  I  S  H  S  Y  L  L  E  J  J  M
G  M  W  F  Z  Y  E  N  O  H  M  A  E  A
U  M  F  Z  R  N  A  G  N  K  U  M  N  Y
A  K  F  U  T  X  N  T  L  S  S  X  I  O
C  E  P  U  B  E  J  N  I  S  T  E  R  N
A  T  H  U  R  J  B  P  R  A  A  V  A  N
M  C  H  I  M  I  C  H  U  R  R  I  G  A
O  H  O  G  N  I  S  S  E  R  D  N  R  I
L  U  V  M  E  U  C  X  J  B  L  E  A  S
E  P  Q  X  P  S  K  T  Y  N  N  G  M  E
H  A  S  U  Y  O  S  A  L  S  A  A  D  Y
V  E  G  E  M  I  T  E  Y  X  H  R  I  S
W  B  R  B  U  T  T  E  R  S  J  Y  P  B
F  I  D  Z  G  N  I  N  O  S  A  E  S  F
```

BUTTER	HONEY	RAITA
CHIMICHURRI	JAM	RELISH
CHUTNEY	JELLY	SALSA
COMPOTE	KETCHUP	SEASONING
DIPS	MARGARINE	SYRUP
DRESSING	MAYONNAISE	VEGEMITE
GUACAMOLE	MUSTARD	VINEGAR

INSECTS

```
L  Y  Y  L  I  U  N  Z  T  S  J  J  J  K
O  G  B  G  I  W  R  A  E  M  F  I  I  L
O  A  D  Y  A  P  A  E  X  L  U  E  Z  O
A  N  G  S  D  D  B  E  E  T  L  E  T  H
P  T  P  U  A  Z  E  A  T  T  X  O  T  S
H  S  C  C  G  R  S  I  T  I  A  O  A  P
I  T  I  O  T  I  U  Q  S  O  M  N  W  I
D  C  R  E  P  P  O  H  S  S  A  R  G  R
J  N  B  M  K  S  L  Q  O  H  Y  K  E  H
I  C  O  C  K  R  O  A  C  H  F  Q  B  T
H  G  D  C  A  T  E  R  P  I  L  L  A  R
A  L  B  U  T  T  E  R  F  L  Y  L  T  A
Y  D  W  E  H  O  R  N  E  T  D  G  N  J
U  U  E  F  Q  Y  L  F  N  O  G  A  R  D
```

ANTS	COCKROACH	LOUSE
APHID	DRAGONFLY	MAYFLY
BEES	EARWIG	MOSQUITO
BEETLE	FLEA	MOTH
BUTTERFLY	GNAT	TERMITE
CATERPILLAR	GRASSHOPPER	THRIPS
CICADA	HORNET	WASPS

BREAKFAST FOODS

```
B  A  N  A  N  A  T  X  T  T  G  D  X  W
A  D  Q  Z  T  M  X  E  I  O  H  T  U  A
C  P  E  X  M  F  L  U  H  A  N  Q  T  F
O  A  S  G  G  E  R  O  D  S  P  X  R  F
N  N  P  Z  M  F  J  B  I  T  K  W  U  L
T  C  R  O  I  S  S  A  N  T  B  G  G  E
P  A  Q  A  R  G  R  A  N  O  L  A  O  S
T  K  W  T  M  R  P  A  S  T  R  Y  Y  A
E  E  D  M  R  U  I  N  C  J  I  J  X  U
P  K  U  E  U  E  D  G  R  Q  I  G  S
M  S  E  A  W  F  M  S  G  Z  E  N  E  A
U  Z  J  L  V  F  F  Q  L  E  X  P  K  G
R  D  B  A  G  E  L  I  A  I  W  X  E  E
C  E  R  E  A  L  I  C  N  T  A  B  R  Z
```

BACON	EGGS	PANCAKE
BAGEL	FRUIT	PASTRY
BANANA	GRANOLA	PORRIDGE
CEREAL	MUESLI	SAUSAGE
CREPE	MUFFIN	TOAST
CROISSANT	OATMEAL	YOGURT
CRUMPET	OMELET	WAFFLES

HALLOWEEN WORDS

```
C  O  S  T  U  M  E  S  Y  L  T  R  B  X
C  A  S  K  E  T  S  O  H  G  Y  R  A  O
G  L  N  X  A  T  X  V  U  C  H  Z  O  A
G  X  Z  D  A  G  O  B  L  I  N  O  I  P
T  G  T  E  Y  X  Z  O  H  J  Q  X  U  R
K  B  R  O  O  M  S  T  I  C  K  D  L  L
N  T  I  A  C  H  A  U  N  T  E  D  F  S
O  C  C  M  V  O  O  S  P  O  O  K  Y  N
T  A  K  I  A  E  S  W  K  A  D  E  M  I
E  D  U  K  M  Y  Y  T  L  F  S  S  A  K
L  A  D  Z  P  E  N  A  U  C  Y  G  V  P
E  V  J  W  I  T  C  H  R  M  Q  N  S  M
K  E  P  R  R  C  T  E  H  D  E  A  S  U
S  R  M  G  E  C  O  B  W  E  B  F  X  P
```

BROOMSTICK	GHOST	PUMPKIN
CADAVER	GHOUL	SKELETON
CANDY	GOBLIN	SPOOKY
CASKET	GRAVEYARD	TREAT
COBWEB	HAUNTED	TRICK
COSTUME	HOWL	VAMPIRE
FANGS	MASK	WITCH

ACCESSORIES

H	V	T	F	S	N	E	T	T	I	M	Y	U	G
A	B	V	Y	R	Y	R	L	E	W	E	J	W	C
N	E	D	W	A	T	C	H	F	K	E	T	H	D
D	A	T	B	G	L	O	V	E	S	X	H	C	L
B	N	V	B	E	L	T	O	Q	U	E	Y	O	E
A	I	E	I	K	F	A	C	H	O	K	E	R	C
G	E	N	K	R	J	P	S	S	J	R	U	B	A
E	A	D	A	Q	L	B	I	S	P	D	W	R	L
A	L	C	A	E	K	T	G	P	E	A	D	A	K
R	S	U	S	P	E	N	D	E	R	S	K	C	C
R	I	Y	X	U	I	T	R	L	U	A	Y	E	E
I	T	D	I	R	W	A	L	L	E	T	G	L	N
N	V	B	E	S	S	F	F	U	M	R	A	E	Y
G	X	V	H	E	A	D	B	A	N	D	W	T	M

BEANIE	GLASSES	PURSE
BELT	GLOVES	RING
BRACELET	HANDBAG	SCARF
BROCH	HEADBAND	SUSPENDERS
CHOKER	JEWELRY	TOQUE
EARMUFF	MITTENS	WALLET
EARRING	NECKLACE	WATCH

SOFT THINGS

```
H  D  P  I  B  E  D  D  I  N  G  B  R  A
N  E  T  T  I  K  M  Q  U  I  L  T  W  Z
M  L  V  O  F  E  A  T  H  E  R  C  L  X
R  S  D  Y  F  U  R  S  I  L  K  H  W  W
Z  F  E  D  E  U  S  T  U  F  F  I  N  G
P  C  C  O  U  C  H  N  M  R  I  C  I  W
F  O  T  M  T  E  M  N  O  H  R  K  T  C
N  T  M  P  E  T  A  L  S  W  C  F  H  E
U  T  Z  B  I  E  L  I  N  T  Y  L  S  Y
D  O  R  X  P  I  L  L  O  W  M  U  U  A
U  N  C  O  M  F  O  R  T  E  R  F  L  I
A  R  D  Z  T  O  W  E  L  O  O  F  P  Y
F  Z  R  P  U  D  D  I  N  G  F  W  B  Z
V  B  G  B  G  K  Z  Y  L  H  R  N  N  K
```

BEDDING	FURS	PUDDING
CHICK	KITTEN	QUILT
COMFORTER	LINT	SILK
COTTON	MARSHMALLOW	SNOW
COUCH	PETALS	STUFFING
FEATHER	PILLOW	SUEDE
FLUFF	PLUSH	TOWEL

73

HARD THINGS

```
O F W D M V C O I N Z E J H
E T E M L E H K G L I I D S
K K C I R B A S E B A L L L
E J M E T A L E E T S D U D
Y O H D B S K C O R D K J E
S K E I E L B A T D S M L N
H U Y C J C O R U N D U M E
E X H Q E T A L S G B Z W H
L L I L D I R O N E D L P P
L L A W O O D I A M O N D A
V U E C O N C R E T E W U R
T Z W L W E N O T S S A L G
G B X U V O U T U R J V T L
T V L C X F T D N I V K U H
```

BASEBALL	GLASS	SHELL
BRICK	GRAPHENE	SLATE
CHALKBOARD	HELMET	STEEL
COIN	IRON	STONE
CONCRETE	KEYS	TABLE
CORUNDUM	METAL	WALL
DIAMOND	ROCK	WOOD

SPICES

```
G M K V P E M Y H T Q N S T
A U Y U H S A F F R O N U A
L C F N A W E W V G U U W R
A W L B A S F N H L V T N R
N M S R I G I N G E R M V A
G H A N I G E L L A V E K G
A C A R D A M O M F I G E O
L F A L L S P I C E J C E N
J W Y Y R A M E S O R U R K
R E P P E P L I S A B M G U
O J F C I N N A M O N I U X
U O R E G A N O N Z T N N R
A K I R P A P E L M U T E C
H P G H M A R O J R A M F D
```

ALLSPICE	CUMIN	OREGANO
ANISE	FENUGREEK	PAPRIKA
BASIL	GALANGAL	PEPPER
CARAWAY	GINGER	ROSEMARY
CARDAMOM	MARJORAM	SAFFRON
CAYENNE	NIGELLA	TARRAGON
CINNAMON	NUTMEG	THYME

DANCE WORDS

```
F  L  A  M  E  N  C  O  S  P  Y  L  A  C
J  X  N  R  E  D  O  M  L  J  T  R  A  H
L  T  O  R  T  X  O  F  A  U  B  R  J  A
G  T  M  E  C  O  N  T  R  A  I  F  I  R
K  Z  V  I  R  H  A  M  B  O  B  Z  T  L
U  W  A  L  T  Z  H  W  C  O  R  Z  T  E
O  L  L  M  H  O  R  A  G  V  Q  W  E  S
P  A  R  T  N  E  R  F  G  E  C  N  R  T
B  R  E  A  K  D  A  N  C  I  N  G  B  O
O  A  M  N  O  H  I  J  R  A  E  J  U  N
L  R  L  P  I  W  F  L  H  U  S  X  G  Q
E  S  A  L  S  A  G  J  W  C  M  Z  M  B
R  S  E  T  E  M  E  R  E  N  G  U  E  W
O  Y  B  A  E  T  A  N  G  O  C  S  I  D
```

BALLET	CONTRA	MERENGUE
BALLROOM	DISCO	MODERN
BOLERO	FLAMENCO	PARTNER
BREAKDANCING	FOXTROT	SALSA
CALYPSO	HAMBO	SWING
CARIOCA	HORA	TANGO
CHARLESTON	JITTERBUG	WALTZ

OLYMPICS WORDS

```
Q  T  B  R  O  N  Z  E  T  E  L  H  T  A
M  U  I  D  A  T  S  P  O  R  T  S  F  R
W  I  A  Q  G  O  P  D  P  S  V  E  H  E
T  E  S  B  A  R  E  M  R  V  W  X  Z  N
N  Z  V  B  E  C  C  P  V  S  G  G  W  A
O  X  Z  V  A  H  T  Q  U  A  L  I  F  Y
I  I  D  R  A  W  A  T  H  L  E  T  E  C
P  S  L  A  I  R  T  E  A  M  S  H  Y  O
M  T  U  N  I  F  O  R  M  C  R  F  C  A
A  D  R  O  C  E  R  I  N  G  S  E  D  C
H  L  W  F  I  Z  S  I  L  V  E  R  R  H
C  O  U  N  T  R  I  E  S  L  A  D  E  M
J  G  L  S  E  I  N  O  M  E  R  E  C  X
B  G  M  J  N  H  K  J  T  T  E  Q  B  I
```

ARENA	COUNTRIES	SPECTATORS
ATHLETE	GOLD	SPORTS
AWARD	MEDALS	STADIUM
BRONZE	QUALIFY	TEAMS
CEREMONIES	RECORD	TORCH
CHAMPION	RINGS	TRIALS
COACH	SILVER	UNIFORM

ELEMENTS

```
H  S  I  F  J  N  C  L  M  F  O  S  Y  G
Y  M  A  G  N  E  S  I  U  M  C  I  R  P
D  G  S  S  N  C  S  T  I  B  M  L  U  C
R  E  S  J  E  H  M  H  N  K  Y  V  F  A
O  T  V  N  G  D  U  I  A  N  M  E  L  R
G  W  O  A  Y  L  I  U  T  M  C  R  U  B
E  E  D  X  X  O  L  M  I  D  N  X  S  O
N  I  T  R  O  G  E  N  T  X  E  N  O  N
F  R  Z  A  C  W  H  I  J  C  R  O  O  O
S  B  G  D  H  U  C  N  I  Z  B  R  M  G
J  K  V  I  T  L  A  B  O  C  O  I  J  R
Y  B  G  U  R  Y  E  N  L  B  Z  Z  Q  A
K  F  G  M  U  I  C  L  A  C  G  N  J  E
X  M  W  S  O  D  I  U  M  V  G  V  A  K
```

ARGON	HYDROGEN	RADIUM
BORON	IRON	SILVER
CALCIUM	LITHIUM	SODIUM
CARBON	MAGNESIUM	SULFUR
COBALT	NEON	TITANIUM
GOLD	NITROGEN	XENON
HELIUM	OXYGEN	ZINC

COSMETICS

```
R A D I U M U I D O S U A L
L D Q S U L F U R L V E Z G
A X E Y E L I N E R L D I F
B R F O U N D A T I O N N R
K S A F D I L I P S T I C K
X C V C H O T A M K I Z O P
E X I O S A R T S W O U N P
N K Y T N A K A I H N Q C U
O W P I S F M H N P E R E E
N O U B W P B S Z T E S A K
F M S L F Q I U G A F P L A
S S O L G P I L M Z N M E M
F R E Z N O R B U T T E R S
F N W P S I L V E R B B P J
```

BLUSH	FOUNDATION	RADIUM
BRONZER	LASHES	SILVER
BUTTERS	LIP GLOSS	SODIUM
CONCEALER	LIPSTICK	SULFUR
CREAM	LOTION	TITANIUM
DEODORANT	MAKEUP	XENON
EYELINER	MASCARA	ZINC

REPTILES

S	N	A	K	E	L	T	R	U	T	K	H	H	R
P	O	K	V	R	A	N	A	U	G	I	O	Y	A
G	E	C	K	O	R	O	T	W	G	K	K	R	T
I	L	P	C	P	Y	T	H	O	N	Z	R	U	T
T	E	D	N	T	A	H	M	U	X	U	A	A	L
O	M	H	J	R	D	P	K	O	V	B	F	S	E
R	A	W	B	O	A	S	Q	B	M	R	U	O	R
T	H	O	Z	X	E	J	Q	A	H	X	O	N	S
O	C	O	T	T	O	N	M	O	U	T	H	I	E
I	H	A	L	L	I	G	A	T	O	R	B	D	J
S	N	N	I	E	L	I	D	O	C	O	R	C	K
E	X	O	V	M	O	N	I	T	O	R	Z	I	A
I	T	L	I	Z	A	R	D	W	I	G	V	O	X
G	M	E	Q	D	H	N	L	R	E	P	I	V	J

ALLIGATOR	CROCODILE	PYTHON
ANOLE	DINOSAUR	RATTLERS
BOAS	GECKO	SKUNK
CAIMAN	IGUANA	SNAKE
CHAMELEON	LIZARD	TORTOISE
COBRA	MAMBA	TURTLE
COTTONMOUTH	MONITOR	VIPER

CHORES

I	N	L	M	S	E	I	R	E	C	O	R	G	U
A	P	C	S	W	E	E	P	U	A	U	G	S	D
S	R	A	K	I	N	G	G	N	I	P	P	O	M
H	U	E	K	Y	Z	G	N	I	D	L	O	F	O
O	N	V	C	L	E	A	N	I	N	G	L	H	W
P	I	A	O	Y	U	U	Q	X	J	I	I	T	I
P	N	C	O	R	C	L	E	V	O	H	S	H	N
I	G	U	K	D	H	L	B	T	U	F	H	H	G
N	W	U	I	N	M	O	I	C	J	F	I	P	N
G	J	M	N	U	H	H	L	N	H	A	N	S	I
U	X	U	G	A	U	J	T	J	G	S	G	X	Y
N	F	I	T	L	D	I	S	H	E	S	A	L	D
U	W	B	C	V	G	N	I	T	S	U	D	R	I
S	W	A	X	I	N	G	N	I	N	O	R	I	T

CLEANING	LAUNDRY	SHOPPING
COOKING	MOPPING	SHOVEL
DISHES	MOWING	SWEEP
DUSTING	POLISHING	TIDYING
FOLDING	PRUNING	TRASH
GROCERIES	RAKING	VACUUM
IRONING	RECYCLING	WAXING

CIRCUS WORDS

```
W  D  L  J  T  P  E  A  N  U  T  S  W  H
U  D  I  R  N  U  L  B  E  A  R  L  O  B
N  S  O  I  E  P  A  R  A  D  E  Y  H  I
I  C  O  N  T  O  R  T  I  O  N  I  S  T
C  I  G  G  I  S  V  R  G  I  T  I  I  R
Y  T  R  L  G  N  N  O  I  L  I  G  Z  A
C  A  A  E  E  A  U  U  B  K  H  Y  L  M
L  B  N  A  R  C  H  P  P  T  M  M  L  P
E  O  D  D  O  K  H  E  R  R  A  N  V  O
O  R  S  E  N  S  H  O  U  A  G  A  M  L
R  C  T  R  H  J  P  Q  K  P  I  S  A  I
W  A  A  I  M  E  I  O  H  E  C  T  G  N
A  F  N  S  T  I  L  T  S  Z  W  X  D  E
F  Z  D  P  E  R  F  O  R  M  E  R  L  Q
```

ACROBATICS	PARADE	TENT
BEAR	PEANUTS	TIGER
CONTORTIONIST	PERFORMER	TIGHTROPE
GRANDSTAND	RINGLEADER	TRAMPOLINE
GYMNAST	SHOW	TRAPEZE
LION	SNACKS	TROUPE
MAGIC	STILTS	UNICYCLE

PERSONALITY TRAITS

```
O  C  C  A  R  I  N  G  B  W  M  H  D  C
S  C  I  N  S  P  I  R  I  N  G  G  E  O
U  V  B  P  K  I  N  D  C  G  I  E  N  N
P  F  S  M  A  R  T  I  W  U  Z  N  I  S
P  V  B  L  W  F  E  V  A  R  B  E  L  I
O  G  N  I  V  O  L  E  A  D  E  R  P  D
R  H  A  P  P  Y  L  O  Y  A  L  O  I  E
T  T  V  W  D  K  I  J  W  G  U  U  C  R
I  S  T  R  O  N  G  F  Q  B  G  S  S  A
V  P  P  A  T  I  E  N  T  A  T  K  I  T
E  M  O  R  G  A  N  I  Z  E  D  Y  D  E
R  E  S  P  E  C  T  F  U  L  O  B  X  W
E  Q  X  R  I  A  F  U  N  N  Y  O  X  Y
Y  E  M  P  A  T  H  E  T  I  C  Q  R  J
```

BRAVE	GENEROUS	LOYAL
CARING	HAPPY	ORGANIZED
CONSIDERATE	INSPIRING	PATIENT
DISCIPLINED	INTELLIGENT	RESPECTFUL
EMPATHETIC	KIND	SMART
FAIR	LEADER	STRONG
FUNNY	LOVING	SUPPORTIVE

CAMPING WORDS

```
N  R  X  S  S  S  R  G  N  K  S  W  F  T
D  B  R  N  D  N  N  R  C  T  O  H  X  C
R  B  W  S  G  I  E  A  O  G  R  X  E  C
T  V  P  Z  H  T  P  R  E  E  S  D  G  T
Y  Y  T  S  N  K  I  K  P  V  I  P  N  R
E  K  I  A  C  E  I  E  L  U  J  E  L  A
R  F  L  A  S  H  L  I  G  H  T  I  D  C
I  B  B  W  H  L  U  R  N  G  A  B  Q  K
F  W  A  B  A  A  G  N  S  R  K  N  R  S
P  N  D  N  M  W  H  I  T  T  L  E  T  M
M  A  T  C  H  E  S  C  A  S  G  U  B  O
A  B  I  N  O  C  U  L  A  R  O  K  A  R
C  O  M  P  A  S  S  X  J  C  A  N  O  E
Z  O  H  I  Q  S  Z  I  S  L  C  R  Z  S
```

BACKPACK	FLASHLIGHT	SCOUTS
BINOCULAR	GUIDE	SMORES
BUGS	HIKE	STORIES
CAMPFIRE	HUNT	TENT
CANOE	LANTERN	TRACKS
COMPASS	MATCHES	TRAIL
FISHING	REPELLANT	WHITTLE

WINTER WORDS

```
S L A H T O T A P P Y Q X K
G L P Y F W G N I D D E L S
F B Z S Z V D A X P M U B C
H A S R S Y A D I L O H O O
R L G G J A C K E T G V O L
M K I G N I T A K S E Z T D
K C Y J A C K E T N I R S R
X Q K S L E I G H A Y T S A
H S L C E W E E W G L A S O
F R Y N K L O O W G T O K B
W S W E A T E R O O W C I W
Z C N T E E L S L B J O I O
W M W M A K R A P O S C N N
P E P P E R M I N T J D G S
```

BOOTS	JACKET	SLEET
COAT	PARKA	SLEIGH
COCOA	PEPPERMINT	SNOW
COLD	PLOW	SNOWBOARD
GAITERS	SKATING	SWEATER
HOLIDAYS	SKIING	TOBOGGAN
JACKET	SLEDDING	WOOL

85

WAR WORDS

C	B	A	T	T	L	E	M	E	I	B	U	Y	D
A	N	Z	C	S	F	S	N	Z	S	Q	N	G	A
M	O	U	Q	H	C	I	M	H	E	E	I	U	M
O	N	P	S	W	M	I	X	H	I	L	F	N	E
U	N	P	X	D	S	Q	T	I	L	R	O	S	H
F	A	F	N	A	V	Y	M	C	L	H	R	H	N
L	C	A	S	H	I	E	L	D	A	R	M	Y	O
A	L	I	E	U	T	E	N	A	N	T	P	L	P
G	R	E	I	D	L	O	S	T	R	X	K	C	A
E	O	Y	G	E	T	A	R	T	S	M	B	L	E
P	R	I	V	A	T	E	H	A	W	V	O	J	W
I	F	K	R	L	V	I	C	O	W	G	R	T	
Y	R	A	T	I	L	I	M	K	R	Y	B	X	P
M	O	I	T	A	M	R	O	F	D	K	I	Z	J

ALLIES	FORMATION	SHIELD
ARMOR	GUNS	SOLDIER
ARMY	LANDMINE	STRATEGY
ATTACK	LIEUTENANT	SWORD
BATTLE	MILITARY	TACTICS
CAMOUFLAGE	NAVY	UNIFORM
CANNON	PRIVATE	WEAPON

LANGUAGE WORDS

```
S  U  B  J  E  C  T  N  Z  G  N  X  A  P
E  G  N  I  D  R  U  E  W  O  R  D  S  A
N  Q  U  J  D  O  M  O  D  I  F  I  E  R
T  Z  X  V  N  N  B  V  N  T  X  E  T  A
E  R  N  O  U  N  O  L  O  C  O  L  A  G
N  B  R  E  V  D  A  M  M  O  C  U  C  R
C  P  U  N  C  T  U  A  T  I  O  N  I  A
E  I  E  H  P  O  R  T  S  O  P  A  D  P
S  V  E  R  B  W  T  F  U  E  N  T  E  H
U  U  J  X  I  C  C  R  O  B  J  A  R  W
A  D  R  Q  U  O  T  E  S  L  H  Y  P  O
L  J  E  H  E  T  D  Y  T  P  V  M  K  R
C  E  L  L  I  P  S  E  S  W  J  V  H  D
J  L  Y  G  Y  E  V  I  T  C  E  J  D  A
```

ADJECTIVE	MODIFIER	QUOTES
ADVERB	NOUN	SENTENCE
APOSTROPHE	PARAGRAPH	SUBJECT
CLAUSE	PERIOD	TEXT
COLON	PREDICATE	VERB
COMMA	PRONOUN	WORD
ELLIPSES	PUNCTUATION	WORDS

GEOLOGY WORDS

```
Q  A  V  O  L  C  A  N  O  J  C  K  Y  S
P  M  Q  J  R  E  V  I  S  U  R  T  X  E
T  R  E  M  E  C  I  N  O  T  C  E  T  D
G  E  L  T  A  O  C  O  R  E  A  J  M  I
K  F  K  A  A  N  X  T  Q  V  R  M  F  M
Z  O  Z  A  R  M  T  O  A  K  W  H  L  E
Y  S  R  B  U  E  O  L  U  S  T  E  R  N
I  S  H  M  R  Q  N  R  E  E  Q  W  Z  T
G  I  I  O  T  Z  H  I  P  A  N  G  E  A
N  L  W  S  A  G  H  T  M  H  M  O  Y  R
E  N  R  J  O  K  C  O  R  A  I  T  T  Y
O  U  U  W  W  B  J  X  S  A  G  C  G  S
U  B  I  N  T  R  U  S  I  V  E  M  M  L
S  I  L  T  S  U  R  C  R  Y  S  T  A  L
```

CORE	INTRUSIVE	PANGEA
CRUST	LAVA	ROCK
CRYSTAL	LUSTER	SEDIMENTARY
EARTHQUAKE	MAGMA	SILT
EXTRUSIVE	MANTLE	STONE
FOSSIL	METAMORPHIC	TECTONIC
IGNEOUS	MINERAL	VOLCANO

UNITS OF MEASURE

```
B  Q  K  N  M  M  P  R  I  X  A  Y  R  Q
P  C  R  X  B  A  T  P  J  D  D  R  A  Y
T  J  G  N  S  O  G  U  N  H  O  U  R  E
S  D  K  C  O  G  S  U  C  A  K  X  B  A
S  I  A  F  L  Y  O  N  X  W  Y  N  W  R
C  L  D  T  A  P  I  N  T  P  J  W  U  A
P  R  L  D  E  C  I  B  E  L  C  K  N  E
X  O  E  R  N  D  I  T  Z  K  E  G  E  E
R  J  V  T  N  O  U  N  C  E  Y  N  M  D
L  B  M  L  E  H  C  S  W  M  O  Y  A  E
E  T  U  N  I  M  A  E  X  T  M  Y  R  G
C  P  I  L  L  S  I  Z  S  S  O  R  G  J
E  N  C  D  H  W  B  L  I  T  E  R  K  J
Q  E  Y  U  K  A  E  S  E  M  X  H  F  J
```

DAYS	LITER	PINT
DECIBEL	METER	POUND
FOOT	MILE	SECOND
GRAM	MINUTE	STONE
GROSS	OHMS	WEEK
HOUR	OUNCE	YARD
INCH	PASCAL	YEAR

BIRTHDAY PARTY WORDS

```
W  I  S  H  R  F  S  S  L  H  L  K  Y  F
R  U  P  C  H  O  S  D  R  A  C  S  Z  W
A  M  A  N  V  E  L  D  N  A  C  A  K  E
P  L  R  U  U  X  T  N  E  S  E  R  P  O
P  M  K  P  O  P  I  L  L  O  L  I  I  P
I  B  L  O  W  E  R  S  D  N  E  O  N  T
N  A  E  V  G  I  V  F  G  S  B  Z  A  Q
G  L  R  I  B  B  O  N  A  R  R  G  T  T
A  L  V  V  G  V  W  K  M  O  A  U  A  L
B  O  W  S  N  N  Z  Q  E  V  T  E  E  L
J  N  C  M  I  F  G  E  S  A  I  S  R  W
D  Y  F  W  C  H  H  I  D  F  O  T  E  O
V  I  N  V  I  T  A  T  I  O  N  O  K  A
S  Q  B  R  J  Z  G  T  F  I  G  P  M  N
```

BALLOON	FAVORS	PIÑATA
BLOWERS	GAMES	PRESENT
BOWS	GIFT	PUNCH
CAKE	GUEST	RIBBON
CANDLE	ICING	SPARKLER
CARDS	INVITATION	WISH
CELEBRATION	LOLLIPOP	WRAPPING

YARD

```
G Q J K G T S G S O O E Q Z
C E I A W K B G N R T T Y N
S C W E G V N Y C Z R N F Y
P N U I I N H M O W L L L
R E L Y W E A W P A T I O T
I F B S D R K R L L L E W H
N B I R D B A T H O S E E H
K V A P O C L E A E B Q R W
L G T H G O Q R M V D G S D
E D A P H M J R M X L G H P
R U B D O P T A O V O I E H
G T E Z U O M C C S C Z D Z
S H D Y S S L E K Z T G J O
T E P F E T A G S T O O P S
```

BIRDBATH	GATE	POOL
CARPORT	HAMMOCK	SHED
COMPOST	HEDGE	SPRINKLER
DOGHOUSE	HOSE	STOOP
FENCE	LAWN	SWINGS
FLOWERS	ORCHARD	TERRACE
GARDEN	PATIO	WELL

ART WORDS

U	J	E	B	V	W	K	I	T	A	B	E	U	D
Q	P	A	Z	I	E	R	I	E	X	H	K	K	O
R	T	S	I	T	R	A	T	H	L	I	T	F	I
H	L	E	B	H	R	T	S	E	L	F	V	R	M
U	W	L	L	T	E	U	D	A	R	K	R	S	A
S	J	V	R	L	R	O	R	A	S	T	Z	A	G
A	V	O	A	B	M	U	M	K	E	M	C	I	E
V	P	P	I	G	M	E	N	T	F	A	T	D	G
N	C	R	A	B	S	T	R	A	C	T	Q	E	A
A	S	U	I	S	K	E	T	C	H	Y	F	M	L
C	B	Q	K	N	T	C	H	A	R	C	O	A	L
Q	M	T	X	T	T	E	M	P	L	A	T	E	E
Y	M	Y	P	M	X	J	L	A	W	J	X	H	R
D	E	S	I	G	N	Y	A	J	O	G	V	C	Y

ABSTRACT	EASEL	PALETTE
ARTIST	FRAME	PASTEL
BATIK	GALLERY	PIGMENT
BRUSH	IMAGE	PORTRAIT
CANVAS	MEDIA	PRINT
CHARCOAL	MODEL	SKETCH
DESIGN	MURAL	TEMPLATE

LANDFORMS

```
E  N  H  M  Q  K  I  Q  Q  A  Y  V  D  L
D  L  B  U  M  K  I  M  N  E  L  C  C  M
P  J  V  B  L  U  F  F  E  R  U  M  Z  X
H  V  A  L  A  G  O  O  N  O  Z  Q  J  L
C  L  E  S  L  E  D  G  E  H  V  R  B  Y
A  D  E  L  T  A  R  P  R  S  L  Z  S  J
E  M  O  U  N  T  A  I  N  L  N  Z  V  K
B  N  R  I  D  G  E  V  O  Q  O  V  W  L
K  J  U  X  S  P  V  T  V  A  Y  X  V  H
T  G  U  W  A  B  A  S  I  N  N  D  I  P
K  B  A  C  A  L  D  E  R  A  A  J  P  J
Q  M  C  B  A  Y  O  U  F  H  C  T  Y  X
P  S  F  F  Z  V  A  L  L  E  Y  I  Q  C
Y  C  P  L  A  T  E  A  U  H  F  W  E  C
```

ATOLL	CAPE	MESA
BASIN	CAVE	MOUNTAIN
BAYOU	DELL	PLATEAU
BEACH	DELTA	RIDGE
BLUFF	KNOLL	SHORE
CALDERA	LAGOON	SWAMP
CANYON	LEDGE	VALLEY

SEWING

```
Q  D  A  E  R  H  T  E  K  R  V  H  C  K
C  Q  T  P  Y  A  T  D  E  P  W  Z  V  L
W  Q  H  S  L  S  C  R  O  C  H  E  T  I
E  H  I  F  A  B  R  I  C  S  M  A  E  S
A  E  M  B  R  O  I  D  E  R  M  F  C  E
V  M  B  U  O  U  D  G  G  X  C  I  P  L
E  M  L  T  N  B  Q  N  Z  G  S  X  W  F
P  I  E  T  E  V  B  A  U  S  L  D  B  F
N  N  B  O  Q  X  N  I  O  C  V  L  Z  U
G  G  X  N  U  K  T  R  N  O  B  B  I  R
F  L  E  D  D  E  S  I  G  N  Q  O  P  M
E  S  V  W  R  T  A  I  L  O  R  O  P  L
O  C  X  K  S  E  L  D  E  E  N  B  E  C
S  T  I  T  C  H  M  G  J  N  M  T  R  F
```

BASTE	HEMMING	STITCH
BOBBIN	NEEDLE	TAILOR
BUTTON	RIBBON	TEXTILE
CROCHET	RUFFLES	THIMBLE
DESIGN	SCISSORS	THREAD
EMBROIDER	SEAM	WEAVE
FABRIC	SILK	ZIPPER

WEDDING

```
H G N B A D A G H E C N A D
C A E G O Q Z B U S S E R D
H T N B N U P H O T O S O P
A C I N R O T B R I D E X K
P B T N I I O O C H A P E L
E N Z S V V D M N G U E S T
L I V H R I E E Y N S V G R
C G O E W E T R S E I M N O
T M W C U C W A S M N E I L
K E S U O P S O T A A O R E
Y N O M E R E C L I R I H H
K O F I K R Z A H F O Y D C
N X K G N I S S E L B N V A
G R O O M X W T E U Q U O B
```

ANNIVERSARY	CAKE	GUEST
BACHELOR	CEREMONY	HONEYMOON
BLESSING	CHAPEL	INVITATION
BOUQUET	DANCE	PHOTOS
BOUTONNIERE	DRESS	RINGS
BRIDE	FLOWERS	SPOUSE
BRIDESMAID	GROOM	VOWS

BABY ANIMALS

```
Y  A  P  H  Z  L  Q  J  J  M  V  N  A  V
I  I  A  I  F  E  R  P  U  P  P  Y  Z  I
S  N  M  A  U  Y  E  O  J  Q  B  M  F  R
B  F  G  C  U  B  S  L  B  T  Z  P  J  V
V  N  H  A  T  C  H  L  I  N  G  H  W  B
K  V  Y  L  A  H  F  I  L  L  Y  H  A  I
N  X  E  F  D  I  O  W  L  A  A  Z  A  A
Z  E  A  J  P  C  A  O  Y  M  I  R  P  A
F  C  R  S  O  K  L  G  F  B  M  O  V  D
U  E  L  T  L  U  O  P  I  G  L  E  T  A
S  V  I  I  E  A  G  L  E  T  E  Z  X  F
E  Q  N  K  I  T  T  E  N  P  H  V  M  A
K  M  G  N  U  R  K  F  I  R  P  L  G  D
K  O  U  P  R  H  G  E  Z  H  T  J  I  M
```

BILLY	FOAL	NYMPH
CALF	HATCHLING	PIGLET
CHICK	JOEY	POLLIWOG
CUBS	KITS	POULT
EAGLET	KITTEN	PUPPY
FILLY	LAMB	TADPOLE
FOAL	LARVA	YEARLING

BEDTIME

```
B  E  D  D  I  N  G  O  A  Z  V  K  W  R
R  N  R  B  L  A  N  K  E  T  D  K  O  C
B  E  I  A  T  L  U  C  W  O  E  H  U  Q
O  C  T  G  M  A  T  T  R  E  S  S  H  U
O  R  S  R  H  T  E  D  D  Y  N  T  F  I
K  I  A  L  O  T  H  J  B  F  O  O  E  L
T  B  M  Q  I  F  G  G  R  H  R  R  O  T
I  A  A  M  T  P  M  O  I  Y  E  Y  D  X
S  T  J  Y  H  E  P  O  W  N  F  B  S  C
K  H  A  A  U  J  E  E  C  N  B  A  N  P
L  R  P  R  A  G  H  R  V  R  L  S  O
Z  O  D  R  E  A  M  S  S  S  K  L  P  P
E  B  W  O  L  L  I  P  T  E  V  U  D  H
C  E  U  T  H  G  I  L  H  S  A  L  F  X
```

BATHROBE	DUVET	PILLOW
BEDDING	FLASHLIGHT	QUILT
BLANKET	LULLABY	SHEET
BOOK	MATTRESS	SLIPPERS
COMFORTER	NIGHTGOWN	SNORE
CRIB	NIGHTMARE	STORY
DREAM	PAJAMAS	TEDDY

FISHING

```
B F F K S L Q R E L G N A C
T Q V D B O B B E R O N M B
C K O O H A W M A A H Q K A
K R O V I U O V S T S A C P
Q E E T R P R W X Z O E A S
O L B E Z A Y M K Q D Y L F
E E U D L U R E R A E P S D
E A P K I O T D U D C Z R T
D S A R N X P T D E T S E V
N E I X E T H C U H R U D I
Z N D N F R M R A N S I A P
P T A C K L E D Q M R O W Q
A P C I Z E H Y K M C H T V
D G N I H A R P O O N B G T
```

ANGLER	LINE	SLACK
BAIT	LURE	SPEAR
BOBBER	POLE	TACKLE
CAST	REEL	VEST
HARPOON	RELEASE	WADERS
HOOK	RODS	WIRE
LARVA	SINKER	WORM

GYM WORDS

B	G	F	P	Q	L	A	V	R	E	T	N	I	E
T	W	X	N	L	C	K	X	J	E	G	Q	E	L
R	E	S	N	N	M	W	N	C	F	B	N	C	L
A	I	Q	B	H	J	R	W	A	M	Y	N	N	I
E	G	Q	F	X	T	Y	T	I	L	I	G	A	P
H	H	G	N	I	N	N	U	R	X	P	T	L	T
S	T	R	E	A	D	M	I	L	L	N	E	A	I
E	S	O	R	B	E	N	C	H	J	F	Y	B	C
L	K	S	C	G	T	R	E	T	E	L	H	T	A
C	I	S	A	O	K	P	O	S	G	E	P	X	L
S	D	X	Q	M	E	K	I	B	U	R	L	P	L
U	R	E	A	E	S	L	U	P	I	O	D	E	I
M	S	K	I	T	I	U	C	R	I	C	L	T	R
A	J	F	Q	F	H	T	G	N	E	R	T	S	D

AEROBIC	CORE	PLANK
AGILITY	DRILL	PULSE
ATHLETE	ELLIPTICAL	RUNNING
BALANCE	HEART	STEP
BENCH	INTERVAL	STRENGTH
BIKE	MASS	TREADMILL
CIRCUIT	MUSCLE	WEIGHTS

PIRATES

K	I	D	N	A	P	K	L	E	S	S	E	V	U
I	I	I	S	L	A	N	D	W	G	C	A	R	O
A	T	O	O	L	O	C	E	A	N	A	C	W	J
C	U	J	K	N	N	T	R	E	A	S	U	R	E
P	L	A	N	K	W	A	P	D	J	K	G	I	W
W	T	A	N	C	H	O	R	G	Q	X	C	W	E
K	C	A	R	I	B	B	E	A	N	E	Y	P	L
M	A	P	S	D	L	O	G	A	N	G	A	A	S
A	R	G	N	Q	Q	U	F	G	K	T	E	R	R
T	F	Y	T	T	W	N	Z	B	C	U	P	R	M
E	Z	K	Q	D	Q	T	Y	H	X	K	D	O	X
W	V	D	T	U	S	Y	P	I	H	S	B	T	U
S	S	I	M	S	G	A	W	A	L	A	C	S	Z
N	H	E	P	H	P	D	W	W	E	L	K	T	S

ANCHOR	ISLAND	PARROT
BOAT	JEWELS	PATCH
BOUNTY	KIDNAP	PLANK
CANNON	LOOT	SCALAWAG
CARIBBEAN	MAPS	SHIP
GANG	MATE	TREASURE
GOLD	OCEAN	VESSEL

CHEESE

```
S  Y  V  A  T  T  O  C  I  R  W  T  J  Q
W  U  K  I  W  T  A  O  G  O  U  D  A  Z
I  H  P  B  G  J  G  E  F  E  Z  W  C  H
S  H  D  K  I  A  I  M  U  E  R  B  K  T
S  V  R  T  I  N  A  L  I  H  T  H  A  F
T  Z  O  S  P  D  B  R  F  F  Z  A  D  X
R  C  A  M  E  M  B  E  R  T  R  V  O  U
O  R  H  P  A  R  M  E  S  A  N  A  N  P
F  E  H  E  W  N  W  I  N  N  P  R  I  N
E  A  S  D  D  P  C  I  F  E  D  T  R  C
U  M  R  I  P  D  T  H  F  C  A  I  O  M
Q  V  W  C  U  N  A  P  E  B  R  H  C  A
O  P  V  J  O  F  T  R  X  G  P  M  E  L
R  L  Z  F  E  N  O  L  O  V  O  R  P  Q
```

ASIAGO	EDAM	MANCHEGO
BLUE	FETA	PARMESAN
BRIE	FONTINA	PECORINO
CAMEMBERT	GOAT	PROVOLONE
CHEDDAR	GOUDA	RICOTTA
COTIJA	HAVARTI	ROQUEFORT
CREAM	JACK	SWISS

BREAD

```
B U N P A R A T H A D E N U
H P U I G I Z A A I H T A C
C A Y T I L L R M C A P Q H
N Q P A A L E H O E E M F A
E X Q E A J W I H R C A O L
R W I H N B R W A L R T C L
F Q C I A B A T T A A Z A A
O L K O M R U A Q T G O C H
U I T O R W E N O C Z H C B
P Y F O H N L P S L O W I D
I I L I P S N T A Y N A A N
Q L T O R T I L L A I M Y B
S E C H G U O D R U O S J G
J D E B L A V A S H O F I Q
```

AREPA	FRENCH	POTATO
BRIOCHE	INJERA	ROLLS
BUNS	LAVASH	ROTI
CHALLAH	MATZO	SOURDOUGH
CIABATTA	NAAN	TORTILLA
CORN	PARATHA	WHEAT
FOCACCIA	PITA	WHITE

NUTS

Y	R	Y	R	I	L	T	U	N	T	S	E	H	C
X	O	E	U	I	W	E	H	S	A	C	I	W	P
W	G	F	Z	G	O	Q	N	X	F	Y	L	K	I
B	M	A	C	A	D	A	M	I	A	K	I	K	S
V	R	O	L	C	O	Q	U	I	T	O	P	I	T
B	H	T	N	M	O	A	B	X	M	L	E	T	A
E	U	A	R	G	O	C	C	E	L	A	C	U	C
E	G	T	Z	E	O	N	O	O	E	S	A	N	H
C	D	J	T	E	B	N	D	N	R	C	N	A	I
H	V	F	X	E	L	L	G	C	U	N	H	E	O
T	P	Q	U	H	R	N	I	O	J	T	Q	P	A
N	Z	U	O	Q	P	N	U	F	S	M	A	I	U
N	O	Z	W	A	L	N	U	T	P	S	Q	N	L
X	Y	R	O	K	C	I	H	T	E	Y	I	E	B

ACORN	COCONUT	MONGONGO
ALMOND	COQUITO	PEANUT
BEECH	FILBERT	PECAN
BRAZIL	HAZELNUT	PILI
BUTTERNUT	HICKORY	PINE
CASHEW	KOLA	PISTACHIO
CHESTNUT	MACADAMIA	WALNUT

FLOWERS

```
C A R N A T I O N O P C C Y
K H U B Z P W F Z R D R S L I
S Q R H W C B V P C A O E L I
B R U Y J S E I H H F C X L L
U M O D S O G O L I F U B C
T A O R Q A O L F D O S A I
T R R A U M N E J T D L I L
E I D N H A I T U L I P N A
R G Y G F R A A H L L U R
C O T E Y Y E M Z E R U T K
U L S A F L U T G R M V E S
P D N E A L P E O N Y U P P
S I H Z A I J D A I S Y M U
O L A K Z S U N F L O W E R
```

ZOO ANIMALS

```
R G K L Z A C H E E T A H W
L H T E T N T X K O A L A B
V B I O F T C A U K U A J J
I H G P K E H L G O J R R U
R A E A P L I L O O W B H F
G Z R R A O M I J R N O I L
Z I G D N P P R H A C C N A
U E R M D E A O T G X R O M
F N B A A L N G T N Z J C I
Z I U R F K Z K N A F R E N
L L A M A F E P I K M S R G
O T N A H P E L E L E U O O
O L A F F U B Y M L A E S W
V W J Z A L L I G A T O R Y
```

TREES

```
G S E Q U O I A Q N J M M B
T G D G Q C B F S P R U C E
P L H Y S K A O N P I N E E
O Y I T W X N I S Y E S J C
P M C E D A R Q C B Y N T H
L S K A K R T U W H F I R S
A C O M C D F H M I F H V P
R C R E D W O O D B L W R D
S S Y C A M O R E A E L N O
E X M N D N Z N F L H K O O
L M A P L E A B X S C A M W
P A K C O L M E H A R S C G
P Y M R E C G A B M I U H O
A I L O N G A M M Q B D U D
```

BIRDS

```
H E R O N V P A R A K E E T
V U T L U U A E R U T L U V
M N M Z L A R H X Y G N S V
B A O M T W R Z C F A W L Z
S C M B I Y O H V C N P L T
I I E X A N T R U T W O R C
F L A M I N G O H S S K Q H
A E G X E H T B E P J N C I
L P L G U S J I I A T I W C
C E E G R E T N F R T U H K
O S P R E Y B A A R D G O A
N Q P E A C O C K O A N Q D
J L L U G A E S I W I E X E
W O O D P E C K E R I P Q E
```

HEALTH FOODS

```
R R A R E B O Z N O M L A S
Q U I N O A E J H H B J N P
N K A F N P G A R L I C U I
A M E L E Q C J N I B P J N
X C H I C K P E A S W P C A
A B A W Z U K A L E A I H C
V L E N T I L S N Y D P K H
O E Q R T O F U X O E A G S
C G O W U A B X C G Z L P E
A U Y X N P L Q S U N M D I
D M Y O A R P O Z R M O V R
O E N X F R G U U T C N X R
D S O Y B E A N J P X D D E
A K L A S A R D I N E S Q B
```

ETHNIC FOODS

```
F L C K K Y I R O O D N A T
A V Z G R H U M M U S F A A
L B R R W X U T T Y W C P B
A P U P A D T H A I O C W B
F C T H A M F A L A F E L O
E Y C P I B U R R I T O X U
L S P A N A K O P I T A C L
X O C K A B O B A N X D I E
P A S T I T S I O J H T R H
O R Y G L G F R E E K E H I
A D A L I H C N E R E R F H
Q D J B I B I M B A P E G S
O E D A M A M E P T H E F U
N P I E R O G I M I H S A S
```

TRANSPORTATION

```
Z I F T H C A Y E L L O R T
T A X I C A B V Y U S A E J
R E T S F B L S R R U I T C
A W H J E Y J F A G B R P H
M O T O R C Y C L E W P O E
T C R Q R M T E L Y A L C G
A Q A J Y T N I W P Y A I A
O X I F S O B Q P F C N L I
B O N Y G O U I X P U E E R
L T I A M Z S F C O A C H R
I S W O J Q E T C Y G S M A
A B T J V C S I Z H C L R C
S U C M K C U R T B H L B K
A M O P E D X D O G S L E D
```

INSTRUMENTS

```
H D C T B X T R O M B O N E
A U B D Y W Y A V I O L A J
R C E L L O O L N Z H A J C
M W M B M E O B O R G A N L
O T R I A N G L E P C M X A
N T R U M P E T E O H N Y R
I I L O N P V R O R F O X I
C B A N I F L U T E Y O N N
A D B A L M I J X D R S Y E
L R M I O N T K A R Z S U T
U U Y P I C C O L O Y A U W
K M C G V V A E W C K B G T
P S A X O P H O N E A Y C L
Z Q S J T N O I D R O C C A
```

FURNITURE

```
R X A D N B D R A O B P U C
E R R W I H H Q N U S O F A
C I M S G G B C A E Y P J B
L F O N H W Y M M N Y G K I
I C I G T H C U O C J R Q N
N R R M S E N D T A B L E E
E I E S T M H T T W Y A L T
R B B W A R D R O B E F S G
H Z D A N J T A E S E V O L
C Q R U D A Y B E D C A K X
T H C H A I R R X E S M C O
U A E R U B O O K S H E L F
H L V E F U T O N K P S V P
D R E S S E R C H L O O T S
```

VEGETABLES

```
C U C U M B E R Y M Q C F A
M A W H W I L O C C O R B S
S Q U A S H Q O F Q T E O P
B E M L P E P P E R E V E A
P E A S I Z P A O T H W G R
D K Z K N F M W R I J A G A
W O Y T A B L E E K G N P G
L H J Q C L V O N I O N L U
N C K U H Z E M W E D T A S
R I N L E T T U C E V O N Z
B T C E L E R Y E N R R T O
B R O C C O L I N I W R T P
E A P I N S R A P U O A L P
L P V J G H I N I H C C U Z
```

FRUIT

```
P B E G R A P E F R U I T V
N P I N E A P P L E J O F R
G K S G O P L Z R V M B H B
L I M E V C U Q C T A L O V
C W A T E R M E L O N U N E
T I Q R Y P L C T H G E E N
H I W L A N U I H Y O B Y I
C A U O G S U O U E T E D T
A W P B R R P O L N R R E N
E F G P F A A B R A G R W E
P E A R L Z N P E A T Y Y M
M S A Q F E G G E R N N Y E
O T P L E M O N E S R G A L
S T R A W B E R R Y D Y E C
```

COUNTRIES

```
A B T P M W Z C A N A D A I
B O J R A E U I W J D X P R
B L J M D X R Z H Y D N P E
Y I A E A E G Y P T J O T L
I V P X G V N S N O L K V A
P I A I A U G A R A C I N N
M A N C S W Q D N H U T N D
A N P O C T A D I B R A O N
N W H C A N N L O K V L N A
T K R D R Q E U K E N Y A L
E A I P O I H T E D O F B N
I N D O N E S I A I E R E I
V G M G U A T E M A L A L F
B C Y F Y E K R U T H S F D
```

STATES

```
W Y O M I N G E O R G I A N
A C O N N E C T I C U T O M
S H A R I Z O N A V E G H A
H I L L I N O I S X E F N I
I C S N I K D K A R C A V N
N O T A I F Q S O M T K E E
G O K L A H O M A N S R R U
T B R I O W A R O S S O M I
O H I O A I W M N Z H X O N
N X D E L K G R A I M A N M
E J J J Y L S W U B A C T R
V I R G I N I A G X A D R U
A N A I S I U O L R B L U C
P S T T E S U H C A S S A M
```

SHAPES

```
N O N A G O N O G A T N E P
X N O K Y R C E E K Q M Y A
S T A R B T L R M S I R P R
E C P R O C E H E H A T Y A
R J E G R H X V C M W N E L
A M O I P X P S I P G O N L
U N C S J O D D S V T G E E
Q U A D R I L A T E R A L L
S X C Y L I N D E R Q C G O
C I J E S I S P I L L E N G
S T R A P E Z O I D R D R A
G D H W N O G A X E H Z I A
O V A L C Y S U B M O H R M
D O D E C A G O N F P Q T H
```

SCHOOL SUPPLIES

```
D H C N U P E L O H R Y N B
R B A C K P A C K I A X O I
D E J R E D L O F G D D T N
R R L X E L M S K H N I E D
A F E U X S J P N L E V B E
O Q Q P R L A O X I L I O R
B H O X A E I R E G A D O E
P D G Q S P T C E H C E K L
I K T C M E O N N T O R T P
L G L L E W K N I E L S J A
C A L C U L A T O R P F J T
F R E T U P M O C H P E N S
S H A R P E N E R R X X B C
B B K L Z V W S R E K R A M
```

SUBJECTS/MAJORS

```
E N G I N E E R I N G C Y I
K O Y W W N N U R S I N G G
Z I R S F G O Y B P P U O S
Y T R U J L I G S A H T L R
G A X S L I T O S N I R O Y
O C R U Y S A L E I L I I Y
L U E L R H C O N S O T B G
O D L U T N I I I H S I O O
H E I C S B N B S O O O R L
C N G L I M U Q U Y P N C O
Y I I A M I M D B Q H B I I
S T O C E F M A T H Y P M C
P A N T H R O P O L O G Y O
F L D A C E C O N O M I C S
```

SOUPS

```
J H G V G A Z P A C H O B Q
V R G U E C H I C K E N S I
P R M E Q G U U V Q N Y T N
D B L B N O E C W O N T O N
O O A X U O S T E W S J N O
D R O X E L R G A J Q D E O
S S B F V E L T G B Z A B D
S H G I D O A I S M L U B L
Y T P W S G T F O E E E Z E
K P O C I Q G A L N N Y K I
C H I L I G U C M O S I M H
C P L A K S A E Z O Z L M S
M U S H R O O M I S T Q H A
M P B A L L I T R O T F K D
```

DESSERTS

```
C O O K I E Y P U D D I N G
T I R A M I S U H P A Z H I
U A B J E E N T Y D N A C N
R C R I Z S X N R B I W W G
N H O T H E K A C L S U J E
O E W E E Z G S A S H F K R
V E N B D V Q S Y E L A Z B
E S I R C H T I C I C R I R
R E E E X S T O D P J O D E
X C W H A E T R U B E B Y A
B A G S B T D C U S T A R D
D K E R K A V A L K A B P Q
Q E O M A C A R O O N K O S
U S D B G I C E C R E A M U
```

SPORTS

```
J X C T H E R G N I W O R O
B U Y A R T E N N I S U T V
A Y D K E A W C R P G E G O
S L V O W R C B V B L J N L
E L G X P A E K Y Z A P I L
B A B A S K E T B A L L L E
A B L A S T E K C I R C I Y
L T T U D X Q H B E X P A B
L O P G Y M N A S T I C S A
S O C C E R I Y V G I V Q L
X F C G N I N N U R N O U L
A Y E K C O H B T M O F A L
L A C R O S S E P O L O S T
M W X T S W I M M I N G H B
```

HOBBIES

```
I E G N I K A B U C H E S S
B B I R D W A T C H I N G W
I C T G N I H C A C O E G A
L L L G N I H S I F J U O J
L P H O T O G R A P H Y L G
I P O K E R W N N A F G F N
A Z R S T R O P S I C N B I
R W K B I W X G B N V I O T
D S I T Z Q N T Q T W N W C
S S I G N I W E S I V E L E
H N T J D A N C I N G D I L
G J X A H I K I N G Q R N L
Z V E G V Y R E H C R A G O
O R I E N T E E R I N G Q C
```

MONEY TERMS

```
Q W K G R Q U A R T E R N W
F K T S E R E T N I I L K D
C U R R E N C Y K S I H C V
C R E D I T G N I O C B A O
C H A N G E T C S P B Q E V
H B K L E X I N V E S T T Z
E E T B L R B X M D D I G M
C D K N Y O E I T W C F U P
K Y W I T H D R A W O O T B
T N E C A D E W D R L R Y E
D N G K N A B I L L C P P J
G E C L A Y T K R E K X W D
C P Z E X C H A N G E R F H
F D T F V Z P N Y P K A C S
```

FAMILY MEMBERS

```
M O T H E R W G R T Y J O N
W X M A F E P E R E T S I S
F Z C E E H N E H R P P Q T
V C H K S T L L Q G B O N E
L N I S U O C C P I R U H P
J J L L G R A N D M A S H S
A Y D C R B L U E N A E N O
L B X F A W F E J I I X W N
H A N A N E P H E W I F E W
Z B G I D N C A O T F A N U
V F E P P A R E N T N T G M
Y C B A A D N A B S U H U E
E G P F Z J J M B H D E B X
K A U Y T T P Y X R K R R F
```

GAMES

```
B R I D G E G O R F P A E L
S E X Z Q G N O P G N I P E
C J E N G A Z S E L B R A M
H Y V O B I N G O P B H R N
A A C U A T E Z Y C A T C H
R H V N L I M B O U C S H F
A T I D D L Y W I N K S E O
D Z C H E C K E R S G X S O
E E Z Q R P H X L M A C S S
S E L U D J O B N C M D H B
X V D F A P L K N P M V Z A
F F R I S B E E E L O O P L
V S P K H W N P G R N Q O L
H O P S C O T C H S K C A J
```

CLEANING

```
O W I P E S E S P E S O B L
B J J Y L G M O O R B Q H R
L Z J I R O N A F S U T W Y
E V L A B M O O R H C O W T
A Y W C N I A M P U K Z X R
C B M P E G N O P S E B E I
H U D E T E R G E N T U D D
E R U W Q P V P A W N A N R
R C S P I L L L D R N S I M
A S T E A M E R X Y B U W N
F O E T M O I V G O D A J K
S A R M G P L U N G E R G V
U P O L I S H C V P M E B E
F Q U N O X B V A C U U M J
```

CONSTRUCTION TERMS

```
N E D Z N F O R K L I F T P
A M C R N O T N E M E C O D
I Q H X G U T T E R X I O E
L T A M L N F K C M Q A L M
S C R E W D R I V E R Z B O
C E D D H A M M E R O U E L
R U H O L T A H D R A H L I
E O A B R I C K G S L O T S
W S T F S O J O B G L A C H
S I S T O N E M T P R O O F
K H N D O O W Y L P F E K T
R U R D B U L L D O Z E R G
X T H M O Z B U I L D I N G
D R I L L W D J D B J V Z L
```

OCCUPATIONS

```
E L E C T R I C I A N D Q F
N R N Q Y R A T E R C E S E
G F I R E F I G H T E R E H
I W P O L I T I C I A N C C
N Z R S Y R E Y W A L B R D
E C E C A S H I E R R P E N
E R E C E P T I O N I S T S
R L I B R A R I A N R A A S
M E C H A N I C S U S W R E
T R E G A N A M N V J R Y R
O D O C T O R R E H C A E T
L I O E N O E G R U S M O I
I G S O L D I E R G B W M A
P L U M B E R Y E G D U J W
```

MEDICAL SUPPLIES

```
P M I N J E C T I O N S N G
B N H C T A P E Y E L H A U
T B A N D A G E F T A U G R
N E M H Z U K T Z O Z I N Z
E S B S T I T C H E S T I N
D D U E O I T C A S T Y L O
T G L U C O M E T E R A S I
N X A S P I R I N X E P A T
E E N I C C A V F G T O N A
M T C A N E P E W L C E T C
T F E K G L O V E S H M A I
N I K K E C A R B I E Q C D
I W H E E L C H A I R T I E
O N Y C R U T C H E S H D M
```

THINGS PEOPLE COLLECT

```
R T Z U B U S G A B D N A H
E P V A W S W M F Y Y K I M
C S E B O L G A S C V G L B
O Y E S S L S T I C K E R S
R S Y G U E F C M S D S S R
D P U D C B T H A L J R C W
S M E M O R A B I L I A B C
Z A L O M U R O N O R C A Y
P T K Q I J T O H D Q O V R
E S T Q C P W K S M L I F E
G L P N S C O S J E M N Y T
T B G R J C R O C K S S C T
C D D T I C K E T S O M U O
F I G U R I N E S G R X T P
```

ASTRONOMY

```
K Y R U C R E M E X D S A F
H J U P I T E R J I W C L C
C D N R U T A S U N A R U N
N P J H T R A E A N R J B H
P L A N E T B C P M F P E Y
C O N S T E L L A T I O N H
O S D L L P A I C P X O E F
M E T E O R C P A O O Q P S
E A I A V U K S J M D L T A
T Z R E R W H E Q C U B U O
H X N S F M O B C T X Y N M
O U V X Q L L X O V E F E V
S U G L V R E D G I A N T N
I B V Y X A L A G S P X H E
```

TYPES OF STORES

```
D E P A R T M E N T G B V E
J S X D T H R I F T R O F U
Z P E I K N L P O P O U U Q
E O M P O E R S C N C T R I
C R R L D D B A A A E I N T
N T A C A T O I F O R Q I N
E S T A T I O N E R Y U T A
I W G C P E K O N Q I E U I
N E A N E W S M T O Y S R Y
E A R C L O T H I N G A E B
V R D I Z A O M A R K E T Y
N I E G M E R C A N T I L E
O R N R M J E W E L E R Z S
C S L U J I E R A W D R A H
```

CAR WORDS

```
W M C G E N I L O S A G W V
Y V U Z M E C H A N I C O A
T U I D A S H B O A R D I I
F R K R A P H O E I B L V S
E O K E F E G B R E A Y P B
N T N V E E K P W N G E A R
I O H E O D O M E T E R Y A
G R O R R O V W D D I L Z K
N S Z S G M F Q E V I R D E
E N Z E K E C H A I S E E S
G P N O I T I N G I M L Q S
N R N W H E E L J F H X L M
C Y E T A R E L E C C A J I
G R O E X H A U S T F N Z E
```

ANCIENT EGYPT

```
O B E L I S K Z X B O C S K
U N D D B L W M H K N A O O
I M E B I R C S P H I N X T
I S E P A P Y R U S G O Y Y
C A R T O U C H E E X P W T
A R C H I T E C T Y C I L I
Y C D K U A R Y A C N C L H
B O A H X J M B B T I C O O
X P Y R A M I D O L L E R A
J H P R U O V M X B E I C D
Q A P M A Y B B A R A C S K
N G I Z A T S D Q E B L I M
T U T A N K H A M E N E S Q
W S C I H P Y L G O R E I H
```

BODY PARTS

```
I T E Y Y V A H X G E V Q D
A N L C G R Q N S S M N M W
R K B X A N K L E G Z K P C
M R O S O F O O T N E Y E S
S Z W B T V P G R U N S V K
E O A O V F L Y A L K G O G
T C T T T Z Q Q E U K C E N
K Y S T O M A C H A N D Z W
P H E O E D P Z A Y E E C D
E U J M S E K E I V E P Z R
Y A L M O L T R R E G N I F
Z Y R I T U P H V Y W L Z X
K V S S N A T J I J W I K N
Z A J E H G K H G X H M S Z
```

WEATHER

```
H W N E H S U L S N D R Z W
D R O U G H T C U K R L B V
Y Z S H U M I D I T Y P I A
P I N U G F H M S S T O R M
T V O R T E X O H A S J C Q
O V W R X T R E D N U H T P
R I C I A F R O N T N V U S
N A V C Y C L O N E A Z W U
A W I A X O B S Q W M P J N
D S G N I N E T H G I L Z N
O S N E G W K A T V M N T Y
T O M N U M I K O N Z L D O
G H M V S L E E T U V X B R
I F T Q O F R M U C D W B N
```

COLORS

```
P Y E L L O W H I T E B U A
Q Q L Z A Y Z C Z A D N N Z
S L K C B L A C K N I P A E
I Z I A B L Q F R N B Z M Q
L D P E X B U Z D E K Y Q L
V I E G J C A E L B A E D N
E K S A H V M L O R B M Q C
R U K S A A A U G J C A V L
U L I Q G Q R Y N M J R T O
Z A S E J E I N D I G O E Z
N E N M D U N V B R T O L O
E T A H B J E N E D C N O P
A Q V S K N O E U R P R I B
W W Y P E G N A R O L I V E
```

WORDS RELATED TO ROYALTY

```
I G D P T H R O N E S A Q H
O A R C H D U K E U O A T E
H I B I R O R E P M E N S I
H R E T S E J O I G R O M R
H E L T S A C W P N Q R E E
K S Y K D S R P O P O A S S
N A R I S T O C R A T B J S
I K Z N P U W I T I N O L X
G F I G W E N Q C L N P A E
H S S E H C U D U O W C G L
T Z F T E E B N L R U I E A
X P V S E B O P L D N R R U
I Q S N N Z C N I F L H T I
E N P J E W E L S H X B D E
```

PLAYGROUND ACTIVITIES

```
G T D C H A S E X K D I B J
C A T C H H I D I N G A S F
L V W U B Z U I V T E R G R
I D V C A P X C Q T Q K W I
M H O U S E G N I P M U J S
B O Z N K I C K B A L L S B
I P L D E T L S E D I L S E
N S F D T K S H M T Z A K E
G C N L B T N G X B N B I D
M O C D A N J E N D D T P E
P T H U L A W N B I U F P R
R C H A L K M O H X W O I K
O H K P J D X T X I V S N T
Z I C S T R O P S E M A G U
```

WORDS RELATED TO MOVIES

```
K E B B U E R U T N E V D A
Y C L Z P U Y E Q E Z V C X
R D O C U M E N T A R Y B K
O L C M A N I M A T I O N R
T Y K N E R F G T P I R C S
C E B P G D T I C K E T A T
A B U S O X Y O N M I E N C
M X S T U B S N O D H G D E
A C T R E S S J U N I Y Y F
R F E A T U R E Q H O E O F
D I R E C T O R O M A N C E
X A C T I O N F O F J D E I
T T K C A R T D N U O S D Z
H F Z M U K N R O C P O P O
```

THINGS FOUND IN ARCTIC CLIMATE

```
R G R I Z Z L Y K V D L V B
C C Z J B A R O R U A L F F
E N S D C F S H L A E S K R
K I F B E L U G A G E A S R
P A A A N M Y W L X A Q U Z
A P E R M A F R O S T E R J
C U E C J E Y F K Y N W L D
E F E N S F O U J R A O A K
C F H R G I Y N E L A H W J
I I O I N U I T Y M E E J R
C N G L A C I E R B A A F H
N S E L Z T U N D R A T V I
A A C R O Z Y K N P J A Z H
K J U W O L F A S N D F H
```

READING

```
N S I N D E X X B S E G A P
D T L G G N I T T E S Z C A
Z N L I B R A R Y L E C N P
E E U I S T O R Y X I Y A E
K T S U I M R O O H R R R R
R N T D B E M H G I E H R B
A O R R C U J T C T S D A A
M C A K H G J U C X D N T C
K H T P V O P A Q A B O O K
O A O L T L R A T M D I R B
O P R O T A G O N I S T W M
B T N T H I W K C L U C Y B
I E C C W D X Q R C M I C C
I R L M B Y S A T N A F D P
```

CLOTHING

```
N A C V D U H G S H I R T C
N I U C O A T V N X W I T M
P S G N S G T S E V V V B H
A E W H D A S R H L E R R R
N F L E T E M W O F A G I Z
T S J O A G R A E S J R E H
S H T A S T O W J A K C F H
U O H R C I P W E A T E S G
B R T U I K M A N A P E S R
L T I V S K E A N S R X R U
X S U S Q E S T C T S R F Q
D O S G K C O S B D S E Y U
O C A D V E M H A T S T R P
V L E G G I N G S K M U H D
```

EMOTIONS

```
W D E S U F N O C N W E W S
U D U O R P E S S O R C M A
W R N N E W O R R I E D U D
F Z D R L Y P P A H N E R D
R E L I E V E D A L G T Y E
U I R R I T A B L E L I L N
S Q E D H J S T D O Q C T H
T H L R T P U R E Q N X H D
R C A N G R Y Y R I P E T B
A N X I O U S G A P B D L B
T D E R I T F T C S I L L Y
E L D E P R E S S E D V F Y
D S R S U R P R I S E D G O
P X Z R V E B Y L P C R H Z
```

110

THINGS THAT ARE WHITE

```
W R E F R I G E R A T O R T
B U G L X B G I W L L R U Q
B W R Q N I M U B L A N L H
D O E Z N N H O G H O S T V
F L T Q A C H T M C A C X B
V L K W L W D K O L V N U O
T A S C O R B C C O T T O N
P M S N O W D R I F T M Z E
K H S C O V T K P A P E R S
I S A U L W H D L O O M U R
N R L V G O M C M I O O F Y
D A T P V A U A O J M L G A
W M J E C I R D N J S G G V
B R Z H T P G B X Q U P R I
```

WOODEN ITEMS

```
D J V S K C I T S P O H C X
O P B T R U L E R L X D F K
L I A A B E O U O T O A S D
L T I D R E T Z O U B E P X
H A H Q D R N T I Z D V R U
O W U S T L E C U F N X E N
U A F N Z M E L H H A M S I
S G S N O W S H O E S F P L
E T A E S U O H D R I B E O
I B S Z T E N I B A C R N I
K D N E E S K C O L B U C V
S E A V H B O A R D S H I C
X C M E L C O M O S F M L A
H K T I S K C I P H T O O T
```

KITCHEN EQUIPMENT

```
C O L A N D E R G M M B K P
H R E L T T E K J N H R J T
Y T E V Z R P Y Y I E U E G
K O A F A W Z C D X I L S Y
D A C B R W C Q I C D B P U
O S Y O L I O M E A O L A N
T T Z C O E G R L Q H E T O
E E K N T K S E C U R N U O
L R X R S S B P R I W D L P
L D A I E S W O O A M E A S
I Y H H I O O B O O T R M A
K W S N K Q P B O K N O K E
S I K S X A L U W W U O R T
D O F R E E Z E R M L W S P
```

TOOLS

```
S C L U S V U M L N H P W N
P I Q K D W U Y C S K D R S
L S V V Z Z Y B J B F T Z S
I T A X E S H A T C H E T T
E S C R E W D R I V E R F I
R H A H U C D R I L L O C B
S D C N I L L C P G G A Z L
C D D N D S E A P J I E B A
C V W L E E E R T F P N M D
E F I N K R R L U H I A V E
W A S G I J W L E V E L T E
U F R E M M A H M V Y P E W
N H A C K S A W H Y O J L M
V H C W U Y U A F D H L K E
```

OCEAN

```
E P O R P O I S E W J H C C
K N R Y B B P B R H Y A R O
V O C Z S J U C P P K A D R
U L A R M T W E P L B E H A
S A X X X D E U L U O W G L
C E S T I N G R A Y E N S X
L O A T M E S W E N L W E N
A H R W A L R U S T U G E N
M H G H E R X H L P D T E I
B K A A Z E F G E W A T L H
K R I L L E D I S K Q P S P
D H O E K R A H S W F Z C L
E L C A N R A B U H A T E O
Y Q J Z C A F X M U Y N S D
```

THINGS THAT FLOAT

```
L D V J C J D P Q L O H H P
I S R E A L Z Q U C E I H Q
L K T A Z P O I P M L U L H
Y W I Y O T P T U S I K T S
W E K C R B A L H W Q C C P
I D P O K O F O E E V F E O
B F R R O B F R B K S G P N
A E C I E B O O U A R P O G
L L W A F I M A A S A O I E
L T R K N T C A R M J D C N
O T P A A O W A B D A H F E
O O N M L Y E O L E A V E S
N B U O Y N A R O G F K D R
L G I W P V E K O D U C K Y
```

BATHROOM ITEMS

```
N Y A T P I V P E S S U O M
C U F N M I R R O R A Z O R
U T O O T H B R U S H W P H
R C O N D I T I O N E R M X
L F L O S S O A P X H G A Z
E W E B T O I L E T Y L H K
R N L T O H A I R B R U S H
S B N M W W P L U N G E R J
X N V Z B B U A L M C O R B
U P U E K A M J S H O W E R
B V F R K B I O X T O W E L
X F H B M O C O H B E R V F
O X E R D K E B U T H T A B
J W A S H C L O T H M U S W
```

JUNK FOOD

```
I E L T T I R B A C O N M Y
G D S E K A H S K L I M R N
U X M J C V J Z J E O D B A
M L I Q S S E I K O O C U C
M P L Q Y D N A C U H H N H
I O K U X W T D G U S I K O
E P S P D V F H R E X P F S
S I H T V P N R I B F S A T
P L A T R U O R I M C D S J
S L K K T U F P U T A O L F
A O E X Y A D U C O T C C Z
O L D M P X F E D O Y E S K
H V O A C J K F L G R T R G
T W I N K I E L Y G E N C H
```

THINGS TO PACK FOR VACATION

```
S F I L M W U R E T P A D A
E E S S U B A N D A N A M X
I G S W U G T Y X N C D Y H
R E X S I N G I V I S O R H
T M E F A M S A N D A L S A
E J A N L L W C G R B O O K
L A O P I A G E R E U T A T
I K R U S Z S N A E P I X O
O S O E R U A H U R E O K W
T R I L M N Q G L S Z N V E
E B P C D A A S A I S D F L
N Q Y S V P C L L M G P C D
T N A L L E P E R J Q H A J
I T I N E R A R Y V E V T M
```

THINGS IN THE SKY

```
C B M R B U T T E R F L Y Q
O A I R P L A N E N Y I G P
N L T H E L I C O P T E R J
T L S M O E S K Y D I V E R
R O M R O V N M M C W T Z N
A O O A N S E I V G O E D B
I N G T R S P R H I J M I E
L H N S E E K H C S Z I E U
S S S U N R I S E R N T W T
Q T A U B S A J V R A U G A
A A E L N D U O L C E F S R
O B I R D S W X W L K I T E
S M T X Y J E T S W N R W I
P F L G R J Y T E N A L P J
```

PIZZA TOPPINGS

```
L I S A B A C O N W C T E O
W I A G P A R M E S A N L N
G M B A F S W R K L S I P I
H B J R H B Y W C G V Y P O
P N O L A M R R I E E D A N
S E R I M L K O H H T P E P
S Y P C S U L O C R Y L N E
T A V P O T S E P C J X I P
W O U O E S C H R C O W P P
X F M S H R A H R A P L J E
A F E A A C O U E O Z D I R
H U B F T G N N C E O Z I U
T F R K H O E A I E S M O W
S P I N A C H G C Z G E J M
```

BONES

```
C P S V H U M E R U S A D J
I E Z B L Y A N L U N P G E
F E N T I P O A N A P C Q O
S U I D A R S I I N C U S N
P I R F U R L B D W Z B G A
W E I M A F I B U L A O T V
H M E T A T A R S A L I Y I
H F P H A L A N G E L D N C
B J N H T O G Q I I E U L U
A L U P A C S E P A T S W L
H V W V E R T E B R A K J A
I G D M R O F I S I P U M R
V X K T G N F R Y L H L W P
I G D I O M A S E S R L P M
```

CRIME SCENE WORDS

```
X E E J N O I T U A C X A H
D P F W F T M Z V N R W E A
E T A G I T S E V N I I A N
T B U P N J A N I H M T I D
E U T O G U N O C O I N K C
C R O L E K Z S T A N E J U
T G P I R V F R I M A S R F
I L S C P E I A M L L S H F
V A Y E R S G D I U L M C S
E R M O I C V B E Q R Q R A
R Y L O N A I M Z N C D A T
R B Y S T P A X Z L C L E M
A K K Q S E B L O O D E S R
X A C C U S E D I C I M O H
```

ON THE FARM

```
K Q I Y Z O P M U K Z T D E
A W V G G N H K L E V D M A
G O E C N E K C I H C C L Q
P N G A S H E E P I G E R N
S H O T T R A C T O R L B Q
O I C T A H A Y R G W D H E
B M A L B O E C W O C D X N
Z R T E L R H R P A P A U G
G C G Z E S F O V T E S E O
Q O E A Z E N O M A G H E M
E Z E P E Y N S T M N I Z T
A A D D U C K T X O M E P G
B D C A I N J E R V C G L X
V A F A R M E R R S U G W B
```

MATH WORDS

```
C I R C L E A R B E G L A E
C T S V J M E L B O R P D Q
P I R U U L Z F J A X I V E
E Q T I B Q X S J E V H V L
R N U E G T U S E I R R O B
I A M A M O R O D Y L E L A
M B D O N H N A T P P B U I
E U F D D T T O C I Y M M R
T H L O I E I I M T E U E A
E J P T R T L T R E I N Y V
R Q U A I M I V Y A T O T U
K G C C R P U O A X R R N E
U N I T S G L L N W F E Y Y
M E A S U R E Y A M N P A Y
```

THINGS A BABY NEEDS

```
J B C P A C I F I E R C S F
P Z R Y B A L L U L M M Z O
H J L J T A J B O T T L E R
W W O B L A N K E T N Q F M
X R E G W O C H S A N R E U
N T E E T H I N G R I N G L
V B G P R E L L O R T S E A
T O C V E I S E N O V Y L W
A O S E P I W N D M W K D D
E T D Y V P A T L P A N A K
S I I T S Q D B V E Z I R L
R E P A I D D W C R I B C X
A S I D D G L A X I L I K V
C K P O W D E R W L R B Z A
```

ICE CREAM FLAVORS

```
B U B B L E G U M O X O S S
T L J M A R S H M A L L O W
P E A N U T B U T T E R E F
O N F C A K E B A T T E R E
E E L O K X V P I A H C O M
I A R O V R M A Q K V S C I
N P I K E B A R N L V E K N
W O W I E R N S E I G M Y T
O L S E F B G M P N L W R C
R I E D F R O C A B W L O H
B T G O O N D R S E E R A I
P A D U C W O B N I A R D P
S N U G S T R A W B E R R Y
P S F H O I H C A T S I P Y
```

COMPUTER WORDS

```
E C I M E D O M E M O R Y W
T T R X D R A O B Y E K E H
H O F V C R M O N I T O R A
E U F A G C U E U L I R A R
R C M O U S E Q N A G Y W D
N H R S D R L R K Q L Z T W
E P R O C E S S I N G L F A
T A R S U A H A H K S H O R
X D P I Z T N V D B Z W S E
S Q N Q N I E N S Y Q Y W H
B E D Z K T L R E M A I L V
P R Z E S S E L E R I W U I
K R O W T E N R E T N I Q I
D A T A B A S E Y T O I B M
```

AMUSEMENT PARK

```
C A R O U S E L Y P Z Z N Z
A P R E T Z E L C W A L G W
R G R C H A R A C T E R S Y
N F A I R G R O U N D A D T
I E A M Z B I Y V F K N G E
V Q R M E E D H F D A J L R
A R F P I S E B U C K L E R
L I G O L L F Y K Z W D F O
Q S P I N N I N G A I G O R
C O A S T E R E X L O R I I
S R I N E V U O S N W O L C
O E T I C K E T H R I L L P
U S C R E A M G J U M T Y K
X A W W Z F A E S U A N Q D
```

CELEBRATIONS

```
G T H A N K S G I V I N G I
H R R K G A T H E R I N G V
C A A A W S H A B B A T I S
F H K D M A Y S A B B A T H
I N R K U A N T L E Y R D O
K H Y I U A D Z R C I Y A W
P C X A S N T A A A M B L E
R W U G D T A I N F P E L R
E E E L R H M H O L I D A Y
S D U C T E T A C N N Q U L
E D K L B O T R S T F I G M
N I F V D O P S I S W Y R H
T N O M S I T P A B H R M R
S G F L A V I T S E F M G O
```

BEACH

```
H C A S T L E R B L E W O T
Z T C Q L B A R N A C L E H
O S Y I M A A W M L X C O X
O Q A T D B D F V T K C M N
A P Q A D O D N X H B I D E
W O M N T Q L L A Y W A V E
O P A I R V A P T S U R F R
T S A N D W I C H A A D V C
R I E F I F Y O M I S N J S
E C R A B M V P H L N A D N
D L W P G E U R E B R M T U
N E P U L U A T X O S U X S
U J L C J R L Q S A Q S E S
Y L I R N A N L Y T T E J C
```

BEVERAGES

```
O L D Q M P Y M A H C O M P
L E V E E D C D X Q M B S F
X C N Y W K L I M V W V H R
U I K Q T R W K N I L C E A
W U R B E E R A Z O N Z G P
A J C D T A O L F U T D G P
T N I G H T C A P I E V N E
E C O F F E E A R T A F O I
R Q O B C X L P X M S E G Q
U I D L X W S H A K E T S Y
R L X B A L C O H O L R H N
W N G U E P F G D V L Z N U
O S E L T Z E R U A E B Z J
L F H B Y W F X G Q E U P U
```

CONDIMENTS

```
R E L I S H S Y L L E J J M
G M W F Z Y E N O H M A E A
U M F Z R N A G N K U M N Y
A K F U T X N T L S S X I O
C E P U B E J N I S T E R N
A T H U R J B P R A A V A N
M C H I M I C H U R R I G A
O H O G N I S S E R D N R I
L U V M E U C X J B L E A S
E P Q X P S K T Y N N G M E
H A S U Y O S A L S A A D Y
V E G E M I T E Y X H R I S
W B R B U T T E R S J Y P B
F I D Z G N I N O S A E S F
```

INSECTS

```
L Y Y L I U N Z T S J J J K
O G B G I W R A E M F I I L
O A D Y A P A E X L U E Z O
A N G S D D B E E T L E T H
P T P U A Z E A T T X O T S
H S C C G R S I T I A O A P
I T I O T I U Q S O M N W I
D C R E P P O H S S A R G R
J N B M K S L Q O H Y K E H
I C O C K R O A C H F Q B T
H G D C A T E R P I L L A R
A L B U T T E R F L Y L T A
Y D W E H O R N E T D G N J
U U E F Q Y L F N O G A R D
```

114

BREAKFAST FOODS

```
B A N A N A T X T T G D X W
A D Q Z T M X E I O H T U A
C P E X M F L U H A N Q T F
O A S G G E R O D S P X R F
N N P Z M F J B I T K W U L
T C R O I S S A N T B G G E
P A Q A R G R A N O L A O S
T K W T M R P A S T R Y Y A
E E D M R U I N C J I J X U
P K U E U U E D G R Q I G S
M S E A W F M S G Z E N E A
U Z J L V F F Q L E X P K G
R D B A G E L I A I W X E E
C E R E A L I C N T A B R Z
```

HALLOWEEN WORDS

```
C O S T U M E S Y L T R B X
C A S K E T S O H G Y R A O
G L N X A T X V U C H Z O A
G X Z D A G O B L I N O I P
T G T E Y X Z O H J Q X U R
K B R O O M S T I C K D L L
N T I A C H A U N T E D F S
O C C M V O O S P O O K Y N
T A K I A E S W K A D E M I
E D U K M Y Y T L F S S A K
L A D Z P E N A U C Y G V P
E V J W I T C H R M Q N S M
K E P R R C T E H D E A S U
S R M G E C O B W E B F X P
```

ACCESSORIES

```
H V T F S N E T T I M Y U G
A B V Y R Y R L E W E J W C
N E D W A T C H F K E T H D
D A T B G L O V E S X H C L
B N V B E L T O Q U E Y O E
A I E I K F A C H O K E R C
G E N K R J P S S J R U B A
E A D A Q L B I S P D W R L
A L C A E K T G P E A D A K
R S U S P E N D E R S K C C
R I Y X U I T R L U A Y E E
I T D I R W A L L E T G L N
N V B E S S F F U M R A E Y
G X V H E A D B A N D W T M
```

SOFT THINGS

```
H D P I B E D D I N G B R A
N E T T I K M Q U I L T W Z
M L V O F E A T H E R C L X
R S D Y F U R S I L K H W W
Z F E D E U S T U F F I N G
P C C O U C H N M R I C I W
F O T M T E M N O H R K T C
N T M P E T A L S W C F H E
U T Z B I E L I N T Y L S Y
D O R X P I L L O W M U U A
U N C O M F O R T E R F L I
A R D Z T O W E L O O F P Y
F Z R P U D D I N G F W B Z
V B G B G K Z Y L H R N N K
```

HARD THINGS

```
O F W D M V C O I N Z E J H
E T E M L E H K G L I I D S
K K C I R B A S E B A L L L
E J M E T A L E E T S D U D
Y O H D B S K C O R D K J E
S K E I E L B A T D S M L N
H U Y C J C O R U N D U M E
E X H Q E T A L S G B Z W H
L L I L D I R O N E D L P P
L L A W O O D I A M O N D A
V U E C O N C R E T E W U R
T Z W L W E N O T S S A L G
G B X U V O U T U R J V T L
T V L C X F T D N I V K U H
```

SPICES

```
G M K V P E M Y H T Q N S T
A U Y U H S A F F R O N U A
L C F N A W E W V G U U W R
A W L B A S F N H L V T N R
N M S R I G I N G E R M V A
G H A N I G E L L A V E K G
A C A R D A M O M F I G E O
L F A L L S P I C E J C E N
J W Y Y R A M E S O R U R K
R E P P E P L I S A B M G U
O J F C I N N A M O N I U X
U O R E G A N O N Z T N N R
A K I R P A P E L M U T E C
H P G H M A R O J R A M F D
```

DANCE WORDS

```
F L A M E N C O S P Y L A C
J X N R E D O M L J T R A H
L T O R T X O F A U B R J A
G T M E C O N T R A I F I R
K Z V I R H A M B O B Z T L
U W A L T Z H W C O R Z T E
O L L M H O R A G V Q W E S
P A R T N E R F G E C N R T
B R E A K D A N C I N G B O
O A M N O H I J R A E J U N
L R L P I W F L H U S X G Q
E S A L S A G J W C M Z M B
R S E T E M E R E N G U E W
O Y B A E T A N G O C S I D
```

OLYMPICS WORDS

```
Q T B R O N Z E T E L H T A
M U I D A T S P O R T S F R
W I A Q G O P D P S V E H E
T E S B A R E M R V W X Z N
N Z V B E C C P V S G G W A
O X Z V A H T Q U A L I F Y
I I D R A W A T H L E T E C
P S L A I R T E A M S H Y O
M T U N I F O R M C R F C A
A D R O C E R I N G S E D C
H L W F I Z S I L V E R R H
C O U N T R I E S L A D E M
J G L S E I N O M E R E C X
B G M J N H K J T T E Q B I
```

ELEMENTS

```
H S I F J N C L M F O S Y G
Y M A G N E S I U M C I R P
D G S S N C S T I B M L U C
R E S J E H M H N K Y V F A
O T V N G D U I A N M E L R
G W O A Y L I U T M C R U B
E E D X X O L M I D N X S O
N I T R O G E N T X E N O N
F R Z A C W H I J C R O O O
S B G D H U C N I Z B R M G
J K V I T L A B O C O I J R
Y B G U R Y E N L B Z Z Q A
K F G M U I C L A C G N J E
X M W S O D I U M V G V A K
```

COSMETICS

```
R A D I U M U I D O S U A L
L D Q S U L F U R L V E Z G
A X E Y E L I N E R L D I F
B R F O U N D A T I O N N R
K S A F D I L I P S T I C K
X C V C H O T A M K I Z O P
E X I O S A R T S W O U N P
N K Y T N A K A I H N Q C U
O W P I S F M H N P E R E E
N O U B W P B S Z T E S A K
F M S L F Q I U G A F P L A
S S O L G P I L M Z N M E M
F R E Z N O R B U T T E R S
F N W P S I L V E R B B P J
```

REPTILES

```
S N A K E L T R U T K H H R
P O K V R A N A U G I O Y A
G E C K O R O T W G K K R T
I L P C P Y T H O N Z R U T
T E D N T A H M U X U A A L
O M H J R D P K O V B F S E
R A W B O A S Q B M R U O R
T H O Z X E J Q A H X O N S
O C O T T O N M O U T H I E
I H A L L I G A T O R B D J
S N N I E L I D O C O R C K
E X O V M O N I T O R Z I A
I T L I Z A R D W I G V O X
G M E Q D H N L R E P I V J
```

CHORES

```
I N L M S E I R E C O R G U
A P C S W E E P U A U G S D
S R A K I N G G N I P P O M
H U E K Y Z G N I D L O F O
O N V C L E A N I N G L H W
P I A O Y U U Q X J I I T I
P N C O R C L E V O H S H N
I G U K D H L B T U F H H G
N W U I N M O I C J F I P N
G J M N U H H L N H A N S I
U X U G A U J T J G S G X Y
N F I T L D I S H E S A L D
U W B C V G N I T S U D R I
S W A X I N G N I N O R I T
```

CIRCUS WORDS

```
W D L J T P E A N U T S W H
U D I R N U L B E A R L O B
N S O I E P A R A D E Y H I
I C O N T O R T I O N I S T
C I G G I S V R G I T I I R
Y T R L G N N O I L I G Z A
C A A E E A U U B K H Y L M
L B N A R C H P P T M M L P
E O D D O K H E R R A N V O
O R S E N S H O U A G A M L
R C T R H J P Q K P I S A I
W A A I M E I O H E C T G N
A F N S T I L T S Z W X D E
F Z D P E R F O R M E R L Q
```

PERSONALITY TRAITS

```
O C C A R I N G B W M H D C
S C I N S P I R I N G G E O
U V B P K I N D C G I E N N
P F S M A R T I W U Z N I S
P V B L W F E V A R B E L I
O G N I V O L E A D E R P D
R H A P P Y L O Y A L O I E
T T V W D K I J W G U U C R
I S T R O N G F Q B G S S A
V P P A T I E N T A T K I T
E M O R G A N I Z E D Y D E
R E S P E C T F U L O B X W
E Q X R I A F U N N Y O X Y
Y E M P A T H E T I C Q R J
```

CAMPING WORDS

```
N R X S S S R G N K S W F T
D B R N D N N R C T O H X C
R B W S G I E A O G R X E C
T V P Z H T P R E E S D G T
Y Y T S N K I K P V I P N R
E K I A C E I E L U J E L A
R F L A S H L I G H T I D C
I B B W H L U R N G A B Q K
F W A B A A G N S R K N R S
P N D N M W H I T T L E T M
M A T C H E S C A S G U B O
A B I N O C U L A R O K A R
C O M P A S S X J C A N O E
Z O H I Q S Z I S L C R Z S
```

WINTER WORDS

```
S L A H T O T A P P Y Q X K
G L P Y F W G N I D D E L S
F B Z S Z V D A X P M U B C
H A S R S Y A D I L O H O O
R L G G J A C K E T G V O L
M K I G N I T A K S E Z T D
K C Y J A C K E T N I R S R
X Q K S L E I G H A Y T S A
H S L C E W E E W G L A S O
F R Y N K L O O W G T O K B
W S W E A T E R O O W C I W
Z C N T E E L S L B J O I O
W M W M A K R A P O S C N N
P E P P E R M I N T J D G S
```

WAR WORDS

```
C B A T T L E M E I B U Y D
A N Z C S F S N Z S Q N G A
M O U Q H C I M H E E I U M
O N P S W M I X H I L F N E
U N P X D S Q T I L R O S H
F A F N A V Y M C L H R H N
L C A S H I E L D A R M Y O
A L I E U T E N A N T P L P
G R E I D L O S T R X K C A
E O Y G E T A R T S M B L E
P R I V A T E H A W V O J W
I F K R L V I R C O W G R T
Y R A T I L I M K R Y B X P
M O I T A M R O F D K I Z J
```

LANGUAGE WORDS

```
S U B J E C T N Z G N X A P
E G N I D R U E W O R D S A
N Q U J D O M O D I F I E R
T Z X V N N B V N T X E T A
E R N O U N O L O C O L A G
N B R E V D A M M O C U C R
C P U N C T U A T I O N I A
E I E H P O R T S O P A D P
S V E R B W T F U E N T E H
U U J X I C C R O B J A R W
A D R Q U O T E S L H Y P O
L J E H E T D Y T P V M K R
C E L L I P S E S W J V H D
J L Y G Y E V I T C E J D A
```

117

GEOLOGY WORDS

```
Q A V O L C A N O J C K Y S
P M Q J R E V I S U R T X E
T R E M E C I N O T C E T D
G E L T A O C O R E A J M I
K F K A A N X T Q V R M F M
Z O Z A R M T O A K W H L E
Y S R B U E O L U S T E R N
I S H M R Q N R E E Q W Z T
G I I O T Z H I P A N G E A
N L W S A G H T M H M O Y R
E N R J O K C O R A I T T Y
O U U W W B J X S A G C G S
U B I N T R U S I V E M M L
S I L T S U R C R Y S T A L
```

UNITS OF MEASURE

```
B Q K N M M P R I X A Y R Q
P C R X B A T P J D D R A Y
T J G N S O G U N H O U R E
S D K C O G S U C A K X B A
S I A F L Y O N X W Y N W R
C L D T A P I N T P J W U A
P R L D E C I B E L C K N E
X O E R N D I T Z K E G E E
R J V T N O U N C E Y N M D
L B M L E H C S W M O Y A R
E T U N I M A E X T M Y R G
C P I L L S I Z S S O R G J
E N C D H W B L I T E R K J
Q E Y U K A E S E M X H F J
```

BIRTHDAY PARTY WORDS

```
W I S H R F S S L H L K Y F
R U P C H O S D R A C S Z W
A M A N V E L D N A C A K E
P L R U U X T N E S E R P O
P M K P O P I L L O L I I P
I B L O W E R S D N E O N T
N A E V G I V F G S B Z A Q
G L R I B B O N A R R G T T
A L V V G V W K M O A U A L
B O W S N N Z Q E V T E E L
J N C M I F G E S A I S R W
D Y F W C H H I D F O T E O
V I N V I T A T I O N O K A
S Q B R J Z G T F I G P M N
```

YARD

```
G Q J K G T S G S O O E Q Z
C E I A W K B G N R T T Y N
S C W E G V N Y C Z R N F Y
P N U I I I N H M O W L L L
R E L Y W E A W P A T I O T
I F B S D R K R L L L E W H
N B I R D B A T H O S E E H
K V A P O C L E A E B Q R W
L G T H G O Q R M V D G S P
E D A P H M J R M X L G H P
R U B D O P T A O V O I E H
G T E Z U O M C C S C Z D Z
S H D Y S S L E K Z T G J O
T E P F E T A G S T O O P S
```

ART WORDS

```
U J E B V W K I T A B E U D
Q P A Z I E R I E X H K K O
R T S I T R A T H L I T F I
H L E B H R T S E L F V R M
U W L L T E U D A R K R S A
S J V R L R O R A S T Z A G
A V O A B M U M K E M C I E
V P P I G M E N T F A T D G
N C R A B S T R A C T Q E A
A S U I S K E T C H Y F M L
C B Q K N T C H A R C O A L
Q M T X T T E M P L A T E E
Y M Y P M X J L A W J X H R
D E S I G N Y A J O G V C Y
```

LANDFORMS

```
E N H M Q K I Q Q A Y V D L
D L B U M K I M N E L C C M
P J V B L U F F E R U M Z X
H V A L A G O O N O Z Q J L
C L E S L E D G E H V R B Y
A D E L T A R P R S L Z S J
E M O U N T A I N L N Z V K
B N R I D G E V O Q O V W L
K J U X S P V T V A Y X V H
T G U W A B A S I N N D I P
K B A C A L D E R A A J P J
Q M C B A Y O U F H C T Y X
P S F F Z V A L L E Y I Q C
Y C P L A T E A U H F W E C
```

SEWING

```
Q D A E R H T E K R V H C K
C Q T P Y A T D E P W Z V L
W Q H S L S C R O C H E T I
E H I F A B R I C S M A E S
A E M B R O I D E R M F C E
V M B U O U D G G X C I P L
E M L T N B Q N Z G S X W F
P I E T E V B A U S L D B F
N N B O Q X N I O C V L Z U
G G X N U K T R N O B B I R
F L E D D E S I G N Q O P M
E S V W R T A I L O R O P L
O C X K S E L D E E N B E C
S T I T C H M G J N M T R F
```

WEDDING

```
H G N B A D A G H E C N A D
C A E G O Q Z B U S S E R D
H T N B N U P H O T O S O P
A C I N R O T B R I D E X K
P B T N I I O O C H A P E L
E N Z S V V D M N G U E S T
L I V H R I E E Y N S V G R
C G O E W E T R S E I M N O
T M W C U C W A S M N E I L
K E S U O P S O T A A O R E
Y N O M E R E C L I R I H H
K O F I K R Z A H F O Y D C
N X K G N I S S E L B N V A
G R O O M X W T E U Q U O B
```

BABY ANIMALS

```
Y A P H Z L Q J J M V N A V
I I A I F E R P U P P Y Z I
S N M A U Y E O J Q B M F R
B F G C U B S L B T Z P J V
V N H A T C H L I N G H W B
K V Y L A H F I L L Y H A I
N X E F D I O W L A A Z A A
Z E A J P C A O Y M I R P A
F C R S O K L G F B M O V D
U E L T L U O P I G L E T A
S V I I E A G L E T E Z X F
E Q N K I T T E N P H V M A
K M G N U R K F I R P L G D
K O U P R H G E Z H T J I M
```

BEDTIME

```
B E D D I N G O A Z V K W R
R N R B L A N K E T D K O C
B E I A T L U C W O E H U Q
O C T G M A T T R E S S H U
O R S R H T E D D Y N T F I
K I A L O T H J B F O O E L
T B M Q I F G G R H R R O T
I A A M T P M O I Y E Y D X
S T J Y H E P O W N F B S C
K H A A U J E E C N B A N P
L R P R A R G H R V R L S O
Z O D R E A M S S S K L P P
E B W O L L I P T E V U D H
C E U T H G I L H S A L F X
```

FISHING

```
B F F K S L Q R E L G N A C
T Q V D B O B B E R O N M B
C K O O H A W M A A H Q K A
K R O V I U O V S T S A C P
Q E E T R P R W X Z O E A S
O L B E Z A Y M K Q D Y L F
E E U D L U R E R A E P S D
E A P K I O T D U D C Z R T
D S A R N X P T D E T S E V
N E I X E T H C U H R U D I
Z N D N F R M R A N S I A P
P T A C K L E D Q M R O W Q
A P C I Z E H Y K M C H T V
D G N I H A R P O O N B G T
```

GYM WORDS

```
B G F P Q L A V R E T N I E
T W X N L C K X J E G Q E L
R E S N N M W N C F B N C L
A I Q B H J R W A M Y N N I
E G Q F X T Y T I L I G A P
H H G N I N N U R X P T L T
S T R E A D M I L L N E A I
E S O R B E N C H J F Y B C
L K S C G T R E T E L H T A
C I S A O K P O S G E P X L
S D X Q M E K I B U R L P L
U R E A E S L U P I O D E I
M S K I T I U C R I C L T R
A J F Q F H T G N E R T S D
```

PIRATES

```
K I D N A P K L E S S E V U
I I I S L A N D W G C A R O
A T O O L O C E A N A C W J
C U J K N N T R E A S U R E
P L A N K W A P D J K G I W
W T A N C H O R G Q X C W E
K C A R I B B E A N E Y P L
M A P S D L O G A N G A A S
A R G N Q Q U F G K T E R R
T F Y T T W N Z B C U P R M
E Z K Q D Q T Y H X K D O X
W V D T U S Y P I H S B T U
S S I M S G A W A L A C S Z
N H E P H P D W W E L K T S
```

CHEESE

```
S Y V A T T O C I R W T J Q
W U K I W T A O G O U D A Z
I H P B G J G E F E Z W C H
S H D K I A I M U E R B K T
S V R T I N A L I H T H A F
T Z O S P D B R F F Z A D X
R C A M E M B E R T R V O U
O R H P A R M E S A N A N P
F E H E W N W I N N P R I N
E A S D D P C I F E D T R C
U M R I P D T H F C A I O M
Q V W C U N A P E B R H C A
O P V J O F T R X G P M E L
R L Z F E N O L O V O R P Q
```

BREAD

```
B U N P A R A T H A D E N U
H P U I G I Z A A I H T A C
C A Y T I L L R M C A P Q H
N Q P A A L E H O E E M F A
E X Q E A J W I H R C A O L
R W I H N B R W A L R T C L
F Q C I A B A T T A A Z A A
O L K O M R U A Q T G O C H
U I T O R W E N O C Z H C B
P Y F O H N L P S L O W I D
I I L I P S N T A Y N A A N
Q L T O R T I L L A I M Y B
S E C H G U O D R U O S J G
J D E B L A V A S H O F I Q
```

NUTS

```
Y R Y R I L T U N T S E H C
X O E U I W E H S A C I W P
W G F Z G O Q N X F Y L K I
B M A C A D A M I A K I K S
V R O L C O Q U I T O P I T
B H T N M O A B X M L E T A
E U A R G O C C E L A C U C
E G T Z E O N O O E S A N H
C D J T E B N D N R C N A I
H V F X E L L G C U N H E O
T P Q U H R N I O J T Q P A
N Z U O Q P N U F S M A I U
N O Z W A L N U T P S Q N L
X Y R O K C I H T E Y I E B
```

Made in the USA
Middletown, DE
20 December 2017

59007066R00071